그 영어,

How Your English Sounds to Native Speakers · 4

네이티브에게는
이렇게 들린다 ④

David A. Thayne · Koike Nobutaka 지음 / 양영철 옮김

북ㅅ넛

비즈니스에서 이것만은 주의하자!

오늘은 중요한 거래처에서 프레젠테이션이 있는 날이다. 회사의 사활을 건 프로젝트의 진행 여부가 이 프레젠테이션에 달려 있다.

"어떻게 안 될까요?"

거래처는 심각한 얼굴로 물어본다. 거기에 당신이 한 말은,

"어떻게든 해 보겠습니다."

I'll manage.

자신 있게 대답했는데, 상대방은 언짢은 표정을 짓는다. 왜일까?

계속해서 프레젠테이션을 진행한다.

"이 건에 대해서 좀 더 자세히 설명해 주시겠습니까?"라는 거래처의 질문에, 좀 전의 실수를 만회하겠다는 심정으로 당신은 다음과 같이 말한다.

"흥미가 있으십니까?"

Are you interested in that?

이 말에 거래처 사람은 크게 화를 내며 돌아가버렸다. 말할 필요도 없이 프레젠테이션은 실패로 끝났다.

I'll manage.

Are you interested in that?

사실은 이 문장들은 둘 다 부정적인 뜻을 품고 있는 표현이다. 번역을 해 보면 I'll manage.는 "내키지는 않지만 어떻게든 해 볼게요."라는 뜻이고, Are you interested in that?은 "그 따위 것에 흥미가 있단 말이에요?"라는 뜻이다. 그러니까 상대방도 화를 낸 것이다. 정확한 표

현은 본문을 참고하기 바란다.

큰 호평을 받아 온 『그 영어, 네이티브에게는 이렇게 들린다』시리즈, 그 네 번째는 당신이 비즈니스에서 이런 실패를 하지 않도록 틀리기 쉬운 비즈니스 영어회화를 모았다.

네이티브와의 비즈니스는 무엇보다 언어의 뉘앙스에 주의를 기울이지 않으면 안 된다.

"잠깐 기다려."라는 말도, 비즈니스 상대에게는 "잠시만 기다려 주세요."라고 구분해서 사용해야 한다. 이 미묘한 뉘앙스의 차이를 한국인들은 좀처럼 영어로 구분해서 사용하지 못하고 있다. 그 이유는 학교에서나 많은 영어 회화책에서도 '비즈니스에서 사용해야 할 영어'에 대해서는 특별히 가르치지 않았기 때문이다. 그러나 이 미묘한 뉘앙스의 차이가 비즈니스에서 중요하다는 사실은 말할 필요도 없다.

이 책은 당신이 비즈니스에서 성공할 수 있도록 잘못 사용하기 쉬운 영어 표현과 함께 '비즈니스에서만은 이렇게 말해야 한다'는 사례를 풍부하게 소개한다.

Part I에서는 미묘한 뉘앙스의 차이, 전혀 다른 의미가 되어버리는 표현 등, 일반적으로 틀리기 쉬운 잘못된 비즈니스 영어를 모았다.

Part II에서는 동서양의 비즈니스 매너의 차이에 대해서, Part III에서는 '(계획 등이) 물건너가다' 등과 같이 자주 쓰는 네이티브식 비즈니스 표현을 정리했다.

참고로 여기에서 소개하는 영어는 미국식 영어이다. 영어의 구조나 표현, 또는 문법 등의 설명이 앞서 간행된 책들과 일부 겹치는 부문이 있으나, 이는 비즈니스 영어 중에서도 특히 틀리기 쉬운 부분이므로 다시 한 번 주의 깊게 살펴보기 바란다.

이 한 권을 끝내고 나면, 분명히 당신도 '능력 있는' business person 이 되어 있을 것이다.

CONTENTS

Part I
그 영어, 네이티브에게는 반대로 들린다

Part II
틀리면 낭패! 네이티브식 비즈니스 매너

Part III
네이티브 샐러리맨들이 자주 쓰는 표현 120

6

PART I

그 영어,
네이티브에게는 반대로 들린다

죄송합니다.

✗ **I'm sorry.**

 미안, 미안.
I'm sorry는 비즈니스에서 사용하기에는 다소 유치하게 들리는 표현이다. 가능한 한 쓰지 않도록 한다.

 I'm sorry for~.
'~해서 죄송합니다'라며 이유를 언급해야 한다. 예를 들면, I'm sorry for the delay.(늦어서 죄송합니다.)와 같은 식으로 써야 한다.

아니에요, 그런 말씀 마세요. (칭찬을 듣고)

✗ **No, that's not true.**

 한 번 더 칭찬해 주세요.
이렇게 부정하면 상대는 다시 '그렇지 않아요. 정말로 훌륭하십니다'라고 말하며, 같은 상황을 반복하게 된다. 서양에서는 칭찬의 말을 솔직하게 받아들이고 감사하는 것이 일반적이다.

 Thank you for the compliment.
'칭찬 감사드립니다.' 칭찬을 받았을 때는 솔직하게 기뻐한다. 이 것이야말로 네이티브의 방식이다.

감사합니다.

✕ Thank you very much.

이렇게 들린다 정말 고맙다.
이것만으로 비즈니스에 사용하기에는 불충분하다.

이렇게 말하자 **Thank you for~.**
구체적으로 무엇에 대해 감사하는지 전한다. 예를 들면, Thank you for all your help.(도와주서서 고맙습니다.), Thank you for your time.(시간 내주서서 고맙습니다.)로 표현한다.

뭐라고 감사의 말씀을 드려야 할지 모르겠습니다.

✕ I don't know how can I thank you.

이렇게 들린다 난 몰라. 어떻게 감사하지?
이렇게 말하면 I don't know.와 How can I thank you?의 두 문장을 이어서 말하고 있는 것처럼 들릴 뿐이다.

이렇게 말하자 **I don't know how I can ever thank you.**
how I can의 순서로 말해야 한다. '뭐라고 감사의 말씀을 드려야 할지 모르겠다', '말로 표현할 수도 없다'는 뉘앙스가 된다.

기쁜 마음으로 ~하겠습니다.

✕ I'm willing to do that.

이렇게 들린다
조건에 따라서는 가능하겠지만요.
be willing to~를 '기쁜 마음으로 ~하다'라는 뜻으로 생각하는 사람이 많은 것 같다. 하지만 실제로는 '(조건에 따라서는) 기쁘게 ~하다'라는 뜻의 표현이다. 그다지 좋은 느낌의 문장이 아니다.

이렇게 말하자
I'd be happy to do it.
I'd be happy to라는 표현을 사용하면 부정적인 뉘앙스가 사라지고 기분 좋게 받아들이는 느낌을 준다. 또 that을 it로 바꾸면 더 좋은 인상을 준다.

요즘 어떠세요?

✕ How are you recently?

이렇게 들린다
지금은 건강하세요? 최근에는?
How are you~?는 현재를 묻는 표현이다. 하지만 recently는 과거에 대해서 말할 때 사용하는 단어이므로 이 두 가지를 이어서 사용하면, 상대방은 언제가 알고 싶은 것인지 혼란을 느끼게 된다.

이렇게 말하자
How have you been?
비즈니스에서도 이 인사말은 아무런 문제가 없다.

이해해 주셔서 고맙습니다.

✗ **Thank you for your patient.**

이렇게 들린다
환자, 고마워요.
patient는 '환자'이다. patient와 patience를 혼동해서 쓰는 사람이
의외로 많다.

이렇게 말하자
Thank you for your patience.
'인내, 참을성'은 patience이다. 이 단어를 써야 '이해해 주셔서 고
맙습니다'라는 뜻이 된다.

폐가 되지 않기를 바랍니다.

✗ **I wish it's not too much trouble.**

이렇게 들린다
폐가 되지 말아야 할 텐데……. (무척 폐가 되겠군요.)
I wish~는 실현이 불가능한 일에 대해서 말할 때 사용하는 것이 일
반적이다. 예를 들면, I wish I could fly.(하늘을 날 수 있으면 좋을 텐데.)
같은 식으로 사용한다.

이렇게 말하자
I hope it's not too much trouble.
충분히 실현 가능한 일에 대해서는 hope를 사용한다. 예를 들면, I
hope you can come to the party.(파티에 와주시면 기쁘겠습니다.)와 같다.

기대하신 대로 해 드릴 수가 없을 것 같습니다.

✗ **I'm sorry to disappoint you.**

 실망시켜서 미안해.
비즈니스에 적합한 말이 아니다. 이 표현은 약간 비아냥거리는 소리로 들릴 수 있다.

 I'm sorry I couldn't do more to help.
이 표현이 좀 더 긍정적인 느낌을 준다.

답변을 드리기가 곤란합니다.

✗ **I don't know.**

 알게 뭐람?
'알게 뭐람?', '글쎄?'라는 뉘앙스로 뿌리치는 듯한 느낌을 주어 비즈니스에서는 어울리지 않는다.

 I'm not sure.
'글쎄요, 어떨까요?', '답변을 드리기가 어렵습니다.' 등의 뉘앙스이다. 대화는 확실한 표현이 좋지만, 때와 장소에 따라 이 정도의 두루뭉실한 표현이 바람직하다. 한국어로도 상사나 고객을 상대할 때, 이런 표현이 필요할 때가 있다.

정말 흥미롭군요.

✗ I'm very interesting.

이렇게 들린다
저는 재미있는 사람이에요.
형용사 interesting의 사용법이 틀렸다. 이 문장으로는 내가 재미있는 사람이라는 뜻이 되어버린다.

이렇게 말하자
I'm very interested.
이 경우에는 수동태로 써야 한다. 이렇게 말하면 '정말 흥미롭군요', '흥미를 갖게 되었어요'라는 뜻이 된다.

관심 없어요.

✗ I am not interested.

이렇게 들린다
전혀 흥미 없어!
I am을 단축하지 않고 쓰면, 흥미가 없다는 사실을 지나치게 강조해서 말하는 듯이 들린다.

이렇게 말하자
I'm not interested.
회화에서는 I'm이라고 줄여서 말하는 것이 일반적이다. 이렇게 표현하는 것만으로도 인상은 완전히 달라지며, 강조하는 것처럼 들리지도 않는다.

I'm sorry, but this isn't for me.
This isn't for me도 '흥미가 없다'는 뜻이다.

15

수시로 연락 주세요.

✗ **Please inform on me.**

 저에 대해서 험담해 주세요.

inform on~은 '~에 대해 험담하다', '~를 밀고하다'라는 뜻이다. 예를 들면, I'm in jail because my best friend informed on me.(친한 친구의 밀고로 감옥에 갔었어.)와 같이 사용할 수 있다.

 Please keep me informed.

keep someone informed라는 표현을 기억해 두자.

내일 연락을 드리겠습니다.

✗ **I'll contact with you tomorrow.**

 내일 당신과 신체 접촉을 하겠습니다.

contact with는 '연락하다'는 뜻으로서, I made contact with him.(그와 연락했다.) 등으로 사용되지만, 네이티브가 I'll contact with~라고 표현하는 일은 없다. 이렇게 말하면 육체적인 contact(접촉)를 의미하는 것처럼 들린다.

 I'll contact you tomorrow.

with를 빼면 O.K.

설명하기가 좀 까다롭군요.

✗ **It's hard to tell you this.**

안 듣는 게 좋아요.
이는 '듣고 싶지 않은 이야기일 거예요'라는 뜻으로, 본인을 앞에
두고 뭔가 하기 어려운 말이 있을 때 쓰는 표현이다.

It's hard to explain.

explain(설명하다)이라는 단어를 사용하면 제대로 뜻을 전달할 수
있다. hard to~는 '~하기 어렵다'는 뜻이다.

말씀, 잘 알겠습니다.

✗ **I understand what you say.**

당신이 하는 말은 항상 이해가 돼.
이렇게 말하면 언어의 이해도에 관한 내용이 되어버린다.

I understand what you're saying.

what you're saying처럼 진행형으로 만들면 '당신이 하는 말의 의
미를 잘 알겠습니다'라고 동의를 나타낼 때의 표현이 된다.

I see.

이 표현도 거의 같은 뉘앙스이다.

17

오늘 영업은 끝났습니다.

✗ We're closed.

 벌써 끝났어.

비즈니스에서 사용하기에는 좋은 표현이 아니다. 네이티브라면 여기에 한마디 덧붙여 말할 것이다.

I'm afraid we're closed.

I'm afraid로 시작한다. 이는 미안함을 나타내는 좋은 표현이다. I'm sorry, but we are closed.도 괜찮다.

나중에 답변해 드리겠습니다.

✗ I'll answer that later.

 나중에 대답해 줄게!

일상적인 회화라면 괜찮지만, 비즈니스에서 사용하기에는 다소 무뚝뚝하게 들린다.

Would you mind if I answered that later?

if를 사용하면 문장 전체가 부드러운 인상을 띄게 된다. Is it okay if I answer that later?나 Could I answer that later?도 괜찮다.

가장 바쁜 시기예요.

✗ It's the most high season.

 지금은 가장 신성한 계절입니다.

most high는 종교적인 의미로 사용되는 경우가 많으며, '성스러운', '가장 신성한'이라는 뜻을 지니고 있다.

 It's the busiest season of the year.

그대로 직역해서 the busiest season이라고 하면 된다.

회사가 위험한 상황이에요.

✗ My company is very dangerous.

 저희 회사에는 난폭한 사람들이 많아요.

dangerous라는 단어는 경영 상태가 위험하다기보다, '무섭고 위험하다'는 뜻이 더 강하다. 도대체 어떤 종류의 회사일까?

 My company is in trouble.

be in trouble(문제가 발생한 상황, 위기상황)이라는 표현이 가장 자연스럽다.

My company is in the red.

단순하게 '적자'라고 말하는 것이라면 이 표현을 사용한다.

다음 달에 사무실을 이전합니다.

✗ **We will move our office next month.**

다음 달에 사무실을 운반해서 옮깁니다.

move our office라고 말하면 '사무실 자체를 그대로 운반해서 이동한다'는 황당한 뜻이 되어버린다.

We'll move to a new office next month.

move to~를 사용하면 '~로 이전하다'는 뜻이 된다.

8월에 우리 회사 주식이 올랐어요.

✗ **Our stock rose up in August.**

8월에 주식이 벌떡 일어나 싸웠다!

rise up은 '분기해서 일어나다'는 뜻으로 rise up in arms(무기를 들고 일어나다) 등과 같이 사용하는 것이 일반적이다. '주식 등이 오르다'는 의미로는 사용하지 않으므로 주의하자.

Our stock value rose in August.

up을 없애면 된다. rose대신에 increased나 climbed로 바꾸어도 상관없다.

회사원입니다.

✗ I'm an office worker.

이렇게 들린다 어떤 회사에서 일하는 일개 사원이에요.

한국인은 보통 '회사원이에요'라는 대답을 하지만, 영어에서는 이와 같이 애매하게 대답하는 일이 없다.

이렇게 말하자 **I'm an accountant at a consulting company.**

'컨설팅회사에서 회계를 담당하고 있어요'와 같이 보다 구체적으로 직종을 밝히는 것이 자연스럽다.

금방 끝납니다.

✗ It takes a little time.

이렇게 들린다 이건 시간이 걸립니다.

take a little time은 '조금 시간이 걸린다'는 뜻으로, 상대에게는 부정적인 의미로 들린다.

이렇게 말하자 **It takes little time.**

a를 없애고 take little time이라고 한다. 이렇게 말하면 '거의 시간이 걸리지 않는다'는 뜻이 된다.

It takes almost no time.

'거의 시간이 안 걸립니다.' 이렇게 표현해도 O.K.

먼저 실례하겠습니다.　　　　　　　　(퇴근할 때)

✕ I'm leaving. Good-bye.

그만 가보겠어. 안녕!
이 표현은 약간 화가 난 것처럼 느껴진다.

See you tomorrow.
직역하면 '내일 또 만나요'라는 뜻으로서, 회사에서 퇴근할 때의 인사로 제격이다. 영어에는 '먼저 실례하겠습니다'에 해당하는 표현이 없다. Have a nice evening.이라고 해도 괜찮다.

Have a nice weekend.
직역하면 '좋은 주말 보내세요'인데, 금요일이라면 이 표현도 적절하다.

잠깐 다녀올게요.

✕ I'm leaving.

돌아올게.
직장에서 사용하기에는 무뚝뚝해 보이고 어른스럽지 못하다.

I'll be back.
영어에는 한국인이 자주 쓰는 '다녀오겠습니다'와 같은 표현이 없기 때문에, 상황에 따라 가장 적절한 표현을 구사하는 것이 일반적이다. 갔다가 다시 돌아올 예정이라면 이렇게 말하는 것이 자연스럽다.

점심 먹고 올게요.

✘ I'm going to eat lunch.

이렇게 들린다 점심만 묵묵히 먹고 오겠습니다.
보통은 go to lunch나 have lunch라고 말하는데, eat lunch라고 하면 eat부분이 강조되어 들리기 때문에 네이티브에게는 무척 부자연스럽게 느껴진다.

I'm going to lunch.

이렇게 말하자 go to lunch만으로도 '점심 먹으러 간다'는 뜻이 된다. 또는 I'm going to have lunch.라고 해도 된다.

메모리 카드를 빌릴 수 있을까요?

✘ Do you have a memory card?

이렇게 들린다 메모리 카드 있나?
무척이나 캐주얼한 느낌을 준다. 부하나 동료에게 하는 말이라면 이렇게 표현해도 상관없다.

Could I borrow a memory card from you?

이렇게 말하자 Could I borrow~?(~을 빌려주실 수 있어요?)라는 표현을 사용하면 정중하게 부탁할 수 있다.

Do you have a memory card I could borrow?

뒤에 I could borrow를 붙이면 훨씬 정중한 표현이 된다.

확실합니까?

✗ **Are you sure?**

아닌 거 같은데?
말하는 태도에 따라 다르겠지만, 특히 sure를 강조해서 말하면 상대방을 전혀 신뢰하지 않는 듯한 표현이 된다.

Are you certain?
비즈니스에서 사용한다면, '확신하고 있다'는 뜻의 certain을 사용하는 것이 자연스럽다. 이렇게 물으면 불필요한 오해는 사라진다.

정말이에요?

✗ **Really?**

진짜야?
유치하고 천박하게 들리기 십상이다. 어느 정도 나이가 든 어른이라면 이런 표현을 쓰지는 않는다.

Is that right?
확인할 때 쓰는 교양 있는 표현이다. 비즈니스에서는 무심코 던지는 한마디라도 가능한 한 주의해서 사용하자.

오늘은 외부에서 연수가 있습니다.

✗ I have out-house training today.

 오늘은 화장실 훈련이 있다.

in-house training이 '사내(社內) 연수'라고 해서 똑같은 방식으로 out-house라고 말하지 않도록 주의한다. out-house는 '화장실'을 뜻한다. '화장실 훈련'이라니, 우리는 애완동물이 아니다.

 ### I have off-site training today.

'사외(社外) 연수'는 off-site training이라고 표현한다.

오늘은 회사를 쉽니다.

✗ I am having an off day.

 오늘의 최악의 날이야.

이것은 I am having a bad day.와 같은 의미의 표현이다.

I'm going to take today off.

이렇게 말하면 '오늘은 회사를 쉽니다'라는 뜻이 된다. 또한 I'm going to take a day off today.와 I take today off.도 동일하게 쓸 수 있다.

I'm skipping work today.

이 문장은 근무를 거부할 때 쓰는 표현이다.

왜 그렇죠?

✕ Why?

 왜?

보통 회화라면 문제없지만, 직장에서 사용하기에는 부적절하다.

 Could you tell me the reason?

직장이나 거래처에서 사용하는 거라면 이 정도의 정중한 표현이 필요하다.

I'm not clear on the reason.

'이유를 잘 모르겠군요.' 이 표현도 비즈니스에 적합하다.

죄송합니다.

✕ Sorry.

 내가 잘못했어.

비즈니스에서는 가능한 한 완전한 문장(주어와 동사를 포함하는 문장)을 구사해야 더 성실한 느낌을 준다.

 I'm really sorry.

이것이 완전한 문장이다. Thanks.도 마찬가지로 비즈니스에서는 Thank you ever so much for your help. 등으로 사용하는 것이 좋다.

I feel terrible about what happened.

'무척 죄송스럽게 생각합니다.' 이 문장도 사과의 말로 네이티브가 자주 사용한다.

6시에 출발해야 합니다.

✗ We are necessary to leave at 6:00.

 6시에 출발하기 위해서는 우리들의 힘이 필요하다.
We are necessary to~는 '~하기 위해서는 우리들(의 힘)이 필요하다'는 뜻이다. 도대체 어떤 힘을 발휘한다는 것인지 모르겠지만 말이다.

 We need to leave at 6:00.
단순하지만 이 문장으로 충분하다. 영어로서도 자연스럽다.

어제 컴퓨터가 고장났어요.

✗ My computer was broken yesterday.

 어제 컴퓨터가 고장 났는데, 오늘은 괜찮아요.
이 문장으로는 고장이 난 것은 과거의 사건이 되어버린다.

 My computer stopped working yesterday.
지금도 여전히 고장이 나 있는 상태라면 stopped working이라고 말해야 바른 의미가 전달된다.

복사기의 종이가 부족해요.

✘ We need more papers for the copy machine.

 복사기의 신문이 부족해요.

종이가 여러 장이기 때문에 paper를 복수형으로 만들려고 papers 라 하면 '신문' 또는 '논문'이라는 뜻이 된다.

 We need more paper for the copy machine.

'종이'는 몇 장이든 단수로 쓴다. paper는 보통명사와 물질명사의 뜻이 다르다는 것을 기억해 두자.

복리후생에 대해서 말씀해 주세요.

✘ Could you tell me about your company's welfare policy?

 회사의 빈곤층 정책에 대해 말씀해 주세요.

'복리후생'을 welfare policy라고 생각하는 사람들이 의외로 많다. 보통 welfare라고 하면 '복지사업'을 말하는 것으로서, 국가 차원에서의 정책을 말한다.

 Could you tell me about your company's benefits?

회사 단위에서는 benefits를 사용하는 것이 일반적이다.

처음 뵙겠습니다. 제임스 김이라고 합니다.

✗ To begin with, I'm James Kim.

우선 이름부터······. 제임스 김이라고 합니다.
무슨 연설이라도 하려는 것처럼 들리므로 부자연스럽기 짝이 없
다. 보통 자기소개는 더 간단하게 한다.

Hi, I'm James, James Kim.
이렇게 인사하면 비즈니스 자리에서도 문제없다. 물론, Hello, I'm
James Kim.도 괜찮다.

ABC기업의 김이라고 합니다.
(자신의 성이 '김'이라고 말할 생각으로)

✗ Hello. This is Kim of ABC.

ABC회사에 근무하는 '김'이라는 이름의 사람입니다.
이렇게 말하면 네이티브는 '김'을 성이 아니라 이름으로 착각할 가
능성이 크다.

Hello. This is Ki-hoon, Ki-hoon Kim of ABC.
이름을 반복해서 말한다. 이렇게 말하면 성이 김이라는 것을 정확
하게 전달할 수 있다.

저는 영업부 소속의 스미스라고 합니다.

✗ I'm Smith. I belong to the sales department.

 저는 스미스이고 영업부의 소유물입니다.

소속이라고 말할 생각으로 belong to~를 쓰면 물건을 말하는 것처럼 들린다. 사람에게는 사용하지 않으므로 주의한다.

 I'm Smith. I work in the sales department.

I work in~이라고 표현하는 것이 가장 자연스럽다.

아내가 있어요.

✗ I have one wife.

 아직 첫 번째 아내만 있어요.

아내는 한 사람 뿐이므로 one을 쓸 필요가 없다. 이렇게 말한다면 강조되어 들리기 때문에 '첫 번째 아내'라는 느낌이 되어버린다. 물론 일부 다처제 국가라면 이런 표현도 문제가 되지 않을 테지만.

 I'm married.

이 표현이 가장 자연스럽다.

로버트 스미스를 소개합니다.

✕ This man is Robert Smith.

그래, 얘가 로버트 스미스야.

This man is~라고 하면 '얘가', '이 남자가'라는 뉘앙스로 들린다.
거칠게 느껴지므로 사용하지 말아야 한다.

This is Robert Smith.

this is로 충분히 정중한 표현이 된다.

I'd like to introduce you to Robert Smith.

보다 정중하게 말하고 싶다면 이 표현을 쓴다.

당신에게 존을 소개하고 싶은데요.

✕ May I introduce John to you?

당신에게 존을 소개해도 폐가 되지 않겠습니까?
소개를 하는데 허가를 받으려는 것 같아 부자연스럽다.

I'd like to introduce you to John.

사람을 소개할 때에는 I'd like to introduce you to~라는 표현을
자주 쓴다. 비즈니스 상황에서도 자연스럽게 사용할 수 있다.

31

이 분이 제 상사입니다.

✗ This is my boss

 이 분이 내 상사님이셔.
네이티브라면 당사자가 앞에서 my boss라고 말하지는 않는다. 일부러 이렇게 말한다면 상사를 바보취급하면서 소개하고 있는 듯한 말투가 되어버린다.

 This is Robert Smith from work.
일일이 상사라고 말하지 않고 이름을 말한다.

This is my supervisor, Robert Smith.
군이 상사임을 밝히고 싶다면 boss가 아니라 supervisor라고 말하고 뒤에 이름을 덧붙인다.

우리 회사 사장님이신 브라운입니다.

✗ This is our president of our company, Mr. Brown.

 우리 회사의 우리 쪽 사장님인 브라운입니다.
our president of our company라고 말하면 '우리 쪽 사장님'이라는 뉘앙스를 준다. 그러니까 적어도 2명 이상의 사장이 그 회사에 있다는 뜻이 되어 상대방에게 혼란을 야기한다.

 This is our president, Daniel Brown.
이렇게 간단하게 말하면 된다. of our company는 군더더기다.

그 사람은 신입사원이에요.

✗ He's a freshman.

그 사람은 1학년이에요.
freshman은 '신입생'을 뜻하므로 맞지 않다.

He's new here.
이렇게 말하면 그 사람이 신입사원이라는 것을 알 수 있다. 네이티브다운 표현이다.

He's a new employee.
employee는 '사원'이라는 뜻이다.

같은 회사에서 일하고 있는 친구예요.

✗ He is my co-worker.

같은 회사 사람이에요.
이 문장은 He is my co-worker, but he's not my friend.(그는 같은 회사에서 일하지만 친구가 아니야.)라고 말하는 것과 같다. 거리감을 느끼게 하므로 좋지 않다.

This is my friend from work.
회사 친구라면 이렇게 말하는 것이 자연스럽다.

컴퓨터 업계에서 일하고 있어요.

✗ I work in the PC-related industry.

이렇게 들린다 컴퓨터 업계가 아닌 컴퓨터와 관련 있는 업계에서 일하고 있어요. 한국어로는 IT관련, 금융관련 등의 애매한 표현을 자주 쓰지만, 그것을 그대로 옮겨서 ~related라고 하지 않도록 한다. 이 표현은 단순히 관련이 있다는 뜻이 되어 의미가 달라진다.

이렇게 말하자 I work in the PC industry.

말 그대로 PC industry라고 하면 된다. 참고로, IT업계는 IT industry, 금융업계는 financial industry라고 하면 된다.

명함을 받을 수 있을까요?

✗ Can I have your business card?

이렇게 들린다 명함 한 장 줘.
사적인 만남의 자리에서 알게 된 사람에게 이렇게 말한다면 문제 없겠지만, 비즈니스 상황에는 어울리지 않는다.

이렇게 말하자 Could I ask for a business card?

Could I ask for~?(~을 부탁드려도 될까요?)라는 표현을 기억해 두자. 비즈니스에서 굉장히 유용하게 쓸 수 있는 표현이다.

ABC라디오에서 일하고 있어요.

✗ I'm working for ABC Radio.

 지금은 ABC라디오에서 일하고 있어요.
현재진행형으로 표현하면 일시적으로 그렇게 하고 있다는 것으로
들린다.

 I work for ABC Radio.
간단하게 이렇게 말하면 된다.

말씀 많이 들었습니다.

✗ I heard about you.

 당신의 나쁜 소문은 이미 들었어요.
I heard about you.는 보통 부정적인 뜻을 내포하는 말로서 '심한
짓을 했더군요', '나쁜 소문을 들었어요'라는 뉘앙스가 있다. 갑작스럽게
이런 말을 듣는 다면 상대방은 깜짝 놀랄 것이다.

I've heard all about you.
all about you라고 하면 긍정적인 의미로 바뀐다.

I've heard so much about you.
이 표현도 긍정적인 의미로 쓰인다.

첫
만
남
에
서
의
인
사

영어를 잘 못해요.

✗ My English isn't any good.

 제 영어는 손을 댈 수 없을 만큼 형편없어요.
~isn't any good이라고 말하면 '~은 전혀 좋지 않다', '너무 심해서 손을 쓸 수도 없다'는 뜻이 된다.

My English isn't very good.
any가 아니라 very를 쓴다. 이렇게 말하면 아주 자연스러운 영어로 들린다.

영어 듣기가 잘 안 돼요.

✗ My English hearing is not very good.

 귀가 멀어 영어는 잘 안 들려요.
hearing이라는 말을 쓰면 청력에 문제가 있는 것으로 들린다. 예를 들면, 이비인후과에서 하는 '청력검사'를 hearing test라고 말한다.

I have difficulty understanding spoken English.
I have difficulty ~ing(~를 잘 못한다)라는 표현으로 정확하게 전달할 수 있다.

남자 직원이 10명, 여자 직원이 7명 있습니다.

✗ **We have 10 male and 7 female employees.**

 일을 하는 남자 종업원 10명과 차심부름을 하는 여자 종업원 7명이 있습니다.

이와 같이 남녀를 구분하는 표현은 남녀차별로 받아들여지므로 가능한 한 피하도록 하자.

We have 17 employees.

'사원이 17명 있습니다'로 남녀를 구분하지 않고 말한다. 이것이 영어식 표현이라고 할 수 있다.

중국에 지사가 있어요.

✗ **We have company in China.**

 중국에 손님이 있어요.

흔히 저지르는 실수이다. have company라고 말하는 경우에 company는 '손님, 방문자'라는 뜻이 된다. 따라서 이 문장은 '중국에 손님이 있다'는 이상한 말로 들린다.

We have a company in China.

a가 있고 없고는 큰 차이다. '회사가 있다'라고 말할 때는 a를 붙여서 have a company라고 해야 한다.

5년 전에 입사했어요.

✗ **I entered the company five years ago.**

 5년 전에 회사 건물에 들어갔어요.
'(회사에) 들어가다'라고 말할 때는 enter를 사용하지 않으므로 주의한다. enter는 '(어느 건물에) 들어간다'는 물리적인 상황을 표현할 때 주로 쓰인다.

 I joined the company five years ago.
'참가하다', '가입하다'는 의미의 join이라는 단어를 사용해서 join the company라고 표현하는 것이 가장 일반적이고 자연스럽다.

I started working here five years ago.
직역하면 '5년 전에 이 회사에서 일하기 시작했어요'이다. 이 표현도 네이티브답다.

뉴욕에 온 지 2년이 지났어요.

✗ **I live in New York for two years.**

 뉴욕에서 2년간 생활하는 습관이 있어요.
I live in~이라고 단순현재형을 사용하면, 습관을 말하는 것이 되므로 부자연스럽다.

 I've lived in New York for two years.
지금도 살고 있기 때문에 현재완료형 have lived로 써야 한다.

비행기 여행, 힘드셨죠.

✗ **I'm afraid you had a rough flight.**

유감스럽게도 당신은 힘든 비행 경험을 하셨군요.
I'm afraid가 잘못 사용되었다.

It must have been a rough flight.

It must have been~은 '~했음에 틀림없죠'라며 상대방을 배려할 때 자주 사용하는 표현이다. It must have been a long day for you.(오늘 많이 힘드셨죠.)

경력을 말씀해 주세요. (면접에서)

✗ **Please tell me about your experiences.**

지금까지 경험한 재미있는 얘기 없어요?
experiences라고 복수형으로 쓰면 '지금까지 경험한 재미있는 이야기'라는 뉘앙스로 들리므로 상대방은 무얼 말해야 할지 당황하게 된다.

Please tell me about your experience.

experience를 단수로 한다. 이렇게 하면 '(업무에서의) 경력을 말씀해 주세요'라는 뜻이 된다.

번호를 잘못 눌렀네요. 죄송합니다.

✗ **Wrong number. Sorry.**

 번호가 틀렸네. 미안, 미안.

이런 표현으로는 반성하고 있다는 느낌을 그다지 전하지 못한다. 100퍼센트 자신이 잘못한 상황이므로 더 정중하게 마음을 담아서 사과해야 한다.

 I'm sorry. I've reached the wrong number.
I apologize for disturbing you.

이 정도로 마음을 담아서 말하면 좋다. I've reached the wrong number. 는 '번호를 잘못 눌렀어요'라는 뜻으로 이런 상황에서 자주 사용하는 표현이다.

I'm very sorry. I've dialed the wrong number.
Please excuse the call.

Please excuse the call.은 '실례했습니다'라는 뉘앙스이다.

메시지를 남겨 주실 수 있을까요?

✗ **Pease give him a message.**

 메시지 전해 줘.

이 표현은 부탁이 아니라 명령으로 들린다.

Could you possibly give him a message?

Could you possibly~?(~해 주실 수 있을까요?)

Maybe you could give him a message.

Maybe you could~는 '~해 주시면 감사하겠습니다'라는 뜻이다. 효과적으로 써먹을 수 있는 유용한 표현이다.

연락주시길 바란다고 전해 주세요.

✗ I want you to tell him to call me back.

답신하라고 전해 줘.

I want you to나 tell him to~는 윗사람이 명령을 하는 듯한 느낌을 준다. 일반적인 회화에서 사용하거나 부하나 동료에게 사용한다면 상관없지만, 고객에게 사용하기에는 실례가 될 수 있다.

Could you ask him to call me back?

tell을 ask로 해서 ask him to~로 바꾸기만 하면 비즈니스에서 사용할 수 있는 표현이 된다.

I'd like to ask you to have him call me back.

I'd like to ask you to~는 '~을 부탁해도 될까요?'라는 표현으로 기억해 두면 편리하다.

죄송합니다만, 말씀이 잘 안 들려요. (전화의 감이 멀 때)

✗ I'm sorry, I can't hear.

저는 귀가 어두워요.

이 표현은 '귀가 어둡다'는 뜻이 되어버린다. I can't hear you.로 하면 '안 들린다'는 뜻이 된다.

I'm sorry, I didn't catch that.

여기서 catch는 '들리다', '듣다'라는 뜻으로 사용된다. 네이티브가 자주 사용하는 표현이므로 기억해 두자.

Could you say that one more time for me?

이처럼 정중하게 부탁하는 표현도 외워 두자.

몇 시에 돌아오세요?

✗ What time will he come back?

도대체 몇 시에 돌아오는 거야?

이 표현은 '도대체 몇 시에 돌아오는 거야?' 하고 추궁하는 인상을 준다.

What time is he expected back?

회사로 몇 시에 돌아오는지 물을 때는 expect라는 단어를 쓰면 자연스러운 표현이 된다.

피터 존스 씨 부탁합니다.

✘ Can I speak to Peter Jones?

 내 이름을 밝힐 수 없지만, 피터 존스 씨 바꿔 주세요.

어느 나라든 전화에서는 먼저 자신을 밝히는 것이 상식이다. 이름을 밝힐 수 없는 특별한 사정이 없는 한 말이다.

 Hollo, this is John Smith from IBM. May I speak to Peter Jones in Marketing, please?

'IBM의 존 스미스라고 합니다만, 영업부의 피터 존스 씨 부탁합니다.'
May I~, please?는 보통 회화에서는 지나치게 정중해서 부자연스럽지만, 비즈니스에서는 상용구처럼 사용된다.

전화번호를 가르쳐 주세요.

✘ Can you teach me your phone number?

 전화번호를 저에게 전수해 줄 힘이 있어요?

Can you~?라는 표현은 부탁을 한다기보다, '~할 능력이 있는지'를 묻는 뉘앙스가 된다. 또한 teach는 '지도하다, 전수하다'는 의미의 '가르치다'이다. 이 말에 상대방은 I guess~(어, 그래…….)하고 황당한 느낌을 받을지도 모른다.

Could you tell me your phone number?
이 경우에는 tell을 사용하면 정확하다.

누구세요?

✗ **Who's speaking?**

 당신 누구야?
일상적인 상황이라면 문제가 되지 않겠지만, 비즈니스에는 어울리지 않는다.

 May I ask who's calling, please?
상대는 중요한 고객일수도 있으므로 이 정도의 정중한 표현이 필요하다.

And you're…?
'누구신지……?'

김 씨에게 연결해 드리겠습니다.

✗ **I'll connect to Mr. Kim.**

 제가 김 씨와 연결됩니다.
상대방으로서는 당황스럽기 그지없다. 마치 중간책이라는 말처럼 들린다.

 I'll connect you to Mr. Kim.
누군가에게 연결해 주겠다는 표현은 I'll connect you to~라고 해야 가장 정확하다.

네, 제가 스미스입니다. (전화를 받을 때)

✗ I'm Smith.

 내가 스미스야.

'근데 무슨 일이야?'라는 말이라도 이어질 것 같다. 왠지 반항하는 것처럼 들리므로 부자연스럽다.

 Speaking.

'네, 접니다.' 간단하게 이렇게 말하면 된다.

This is him/her.

This is he/she.

어느 쪽이든 상관없이 쓸 수 있는 표현이다.

김 씨는 지금 자리에 없습니다.

✗ **Kim is away from his desk right now.**

김 그 녀석은 지금 자리에 없어.

영어에서 성만 그대로 부르는 것은 무척 예의에 어긋나는 행동이다.

Mr. Kim is away from his desk right now.

Mr.나 Ms.를 잊지 말고 반드시 붙여서 성을 말하도록 한다.

He's away from his desk right now.

이렇게 말해도 좋다.

부재중인데요.

✗ **He's not here.**

그는 이미 여기 없어요.

'여기에는 없다'는 뜻이다. 이 말은 회사를 그만두었다거나 전근했다는 의미로 들리기 쉽다.

I'm sorry. He's out of the office now.

'부재중'이라고 말하고 싶다면 out of the office라는 표현이 가장 적절하다. I'm sorry.를 덧붙이면 더욱 매끄럽다.

잠시만 기다려 주세요.

✕ Wait a minute.

 기다려.

이렇게 말하면 '잠깐 기다려', '기다리고 있어'라는 뜻이 된다. 고객에게 사용하면 무척 무례하게 느껴질 것이다.

 Hold on, please.

자주 사용하는 표현이다. Just a moment, please.라고 해도 좋다.

나중에 전화하도록 전해 드릴까요?

✕ Should I make him call you later?

 아무리 싫다고 해도 전화하도록 할까요?

여기서 make는 '억지로 시키다'는 뜻이 있다.

Should I have him call you later?

make가 아닌 have를 쓰면 강요의 뜻이 사라진다. 여기서 have는 '~을 하도록 시키다'는 의미로서, Should I have him call you back?도 같은 뜻이다.

Would you like him to call you back?

Would you like~?를 써서 이렇게 말해도 좋다. 이것도 정중한 표현이다.

전하실 말씀이 있으세요?

✗ Do you want to leave a message?

 전할 말 있니?

비즈니스에서 Do you want to~?라는 식의 지나치게 직접적인 표현은 안 된다.

 Would you like to leave a message?

Would you like to~?라는 표현을 사용한다.

원하시면 메시지를 전해 드릴게요.

✗ I can take a message, if you want.

 원한다면 전해 줄게.

친구사이라면 몰라도 비즈니스에서는 0점짜리 표현이다.

 I can take a message, if you'd like.

이런 경우에는, ~, if you'd like라는 표현이 가장 좋다. '원하시면 ~'이라는 뜻으로서 비즈니스에서 사용하기에 적절한 표현이다.

퇴근했어요. (퇴근한 사람에게 걸려온 전화)

✗ **He went home already.**

벌써 집에 갔어. 아직 이른 시간인데……
'아직 이른 시간인데', '아직 빠른데'라는 뜻이 내포된 표현이다.

I'm afraid he's left for the day. Would you like to leave a message?

'오늘은 이미 퇴근했다'고 말할 때, 네이티브는 leave for the day를 주로 사용한다. 그리고 '메시지를 남길 것인지' 묻는 말을 덧붙이면 더욱 좋다.

김지훈 씨는 지금 다른 일 때문에 전화를 못 받으세요.

✗ **Kim is busy right now.**

김 그 녀석은 지금 바빠.
여기서도 마찬가지로 성에 아무 것도 붙이지 않으면, 그 사람을 모욕하는 것처럼 들린다.

Mr. Kim is busy right now.
성에는 Mr.를 꼭 붙이도록 한다.

Ji-hoon is busy right now.
상황에 따라 성을 빼고 이름만 쓸 때는 아무 것도 붙이지 않는다.

다음 주에 뵙고 싶어요.

✕ I'd like to see you next week.

이렇게 들린다 다음 주에 만나러 와.

네이티브의 귀에는 I'd like to see you in my office next week. (다음 주에 내 사무실로 오도록 해.)를 줄여서 말하고 있는 것처럼 들린다. 마치 호출을 받고 있는 것으로 오해되기 십상이다.

이렇게 말하자 **I'd like to talk with you next week, if you have time.**

talk with you라고 하면 호출하는 듯한 인상은 사라진다. 뒤에 if you have time(만약에 시간이 있으면)을 덧붙이면 완벽하다.

기획 건으로 조만간 만났으면 해요.

✕ I'd like to have a meeting about the project in the early days.

이렇게 들린다 기획 건으로 아주 옛날에 만났으면 해요.

in the early days는 '초기에, 옛날에'라는 뜻이다. 이 표현으로는 완전히 엉뚱한 뜻이 된다.

이렇게 말하자 **I'd like to have a meeting about the project as soon as possible.**

이 경우에는 as soon as possible을 사용하면 의도대로 전달할 수 있다.

시간을 내 주실 수 있겠습니까?

✕ Could you make your schedule?

이렇게 들린다
부탁하면, 자기 수첩을 손으로 만들 수 있겠어?
make your schedule은 '시간을 내다'는 뜻이 아니므로 주의한다.
'수첩을 손으로 만들다'는 황당한 뜻이 되어버린다.

약속

이렇게 말하자
Will that fit into your schedule?
fit into는 '끼워 맞추다'는 뜻이다. 이렇게 말하면 '시간을 내다'는
의미가 정확하게 표현된다.

오늘, 시간 있으세요?

✕ Do you have time today?

이렇게 들린다
오늘 시간 있어?
너무 가벼워서 친구라면 몰라도 상사나 고객에게 사용하기에는 부
적합하다.

이렇게 말하자
Do you happen to have some time today?
happen to를 써서 Do you happen to have~?라고 하면 '혹시 ~있
으세요?'라는 뜻으로, 공손하게 상대방을 배려하면서 묻는 표현이 된다.
Do you have time for a short meeting today?라는 표현도 좋은 인상을 주
는 문장이다.

몇 시가 좋으시겠어요?

✕ What time are you convenient?

약속

이렇게 들린다 몇 시 몇 분이 좋아?

What time?은 정확한 시간을 물을 때 사용하는 표현이다. 상황이 어떤지 물을 때는 사용하지 않는다. 보통은 What time does the train leave?(기차는 몇 시에 출발해요?) 같은 상황에서 사용한다.

이렇게 말하자 ## When would be convenient for you?

상대방의 상황이 어떤지 물을 때 네이티브가 자주 사용하는 표현은 이것이다.

사무실로 와 주시겠어요?

✕ Can you come to my office?

이렇게 들린다 이리로 와 줄래?

부탁을 한다기보다는 가능한지 어떤지를 직접적으로 묻고 있는 인상을 준다. 네이티브라면 고객에게 Can you~?로는 묻는 경우가 거의 없다.

이렇게 말하자 ## Do you think you could come to my office?

상대방의 상황을 배려하고 있다는 느낌을 주므로 합격이다.

Could I ask you to come to my office?

Could I ask you to~?는 '~를 부탁드려도 될까요?'라는 뜻이다.

If it's not too much trouble, could you come to my office?

'괜찮으시다면 저희 회사로 와 주실 수 있을까요?'

저는 금요일이면 괜찮아요.

✗ I want to meet you on Friday.

 금요일이 아니면 안 돼!

이 표현은 '금요일에 와!', '금요일이 아니면 안 돼!'라는 뜻으로 자기중심적이고 제멋대로인 인상을 준다. 비즈니스에서는 실례가 된다. 상대방이 동료나 부하라면 상관없다.

Friday would be best for me.

희망사항을 전하고 싶다면 이렇게 말한다.

Do you think you might have time on Friday?

'금요일에 시간이 나세요?' 이 표현도 공손한 느낌을 주므로 합격이다.

약
속

내일이라면 시간이 있어요.

 ✗ I have free time tomorrow.

 이렇게
들린다
내일은 시간이 많았다 적었다 해요.
무척 애매한 말이다. 이 표현으로는 시간이 많은지 조금밖에 없는
지 판단이 서지 않는다.

이렇게
말하자
I'm free tomorrow.
이렇게 말하면 내일 하루는 자유롭게 시간을 낼 수 있다는 표현이
된다.

급한 일이 생겨서 그러는데, 일정을 변경할 수 없을까요?

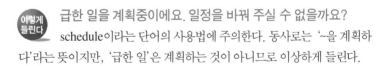 ✗ I've scheduled an emergency. Could you change the schedule?

 이렇게
들린다
급한 일을 계획중이에요. 일정을 바꿔 주실 수 없을까요?
schedule이라는 단어의 사용법에 주의한다. 동사로는 '~을 계획하
다'라는 뜻이지만, '급한 일'은 계획하는 것이 아니므로 이상하게 들린다.

이렇게
말하자
An emergency came up. Could you change the schedule?
An emergency came up.은 네이티브가 자주 사용하는 상용구이므로 통째
암기하자. '급한 일이 생겼다'는 뜻이다.

스미스 씨 계세요?

✗ Is Mr. Smith here?

 스미스 없어?
친구에게 말하는 듯하다. 비즈니스에서 이런 말투는 피해야 할 것이다.

 I'm here to see Mr. Smith.
직역은 '스미스 씨를 만나러 왔어요'이다. 거래처를 방문했을 때 자주 사용하는 표현이다.

그린 씨와 만나기로 약속되어 있습니다.

✗ I have a promise with Mr. Greene.

 그린 씨와 맺어둔 약속이 있어.
뭔가 비밀스러운 느낌이 들어 수상하다. promise는 '맹세'라는 뉘앙스가 깔려 있는 단어이다.

 I have an appointment with Mr. Greene.
promise가 아니라 appointment를 사용한다. 둘 다 '약속'이라는 뜻이 있지만, 완전히 다르게 사용되므로 주의한다.

곧 가겠습니다.

✗ I'll go just now.

지금만 간다.

just now는 '곧'이라는 뜻이 아니다. just가 잘못 사용되는 경우가 많으므로 주의한다. 여기서는 '~만'이라는 뜻이다.

I'll leave right away.

직역하면 '곧 출발한다', 그러니까 '곧 가겠습니다', '곧 찾아뵐게요'라는 뜻이다.

3시에 그 쪽에 도착합니다.

✗ I'll go there at three.

3시에 출발해요.

go there를 쓰면 그 시간에 출발한다는 말인지 도착한다는 말인지 애매하다.

I'll be there at three.
I'll get there at three.

두 문장 모두 '3시에 그 쪽에 도착한다'는 뜻이다.

늦어서 죄송합니다.

✗ We will apologize for the delay.

 늦은 것에 대해서는 조만간 사과할게.

will이 문제다. 이 문장은 We will apologize for the delay SOMEDAY.라고 하는 것과 마찬가지다.

I'd like to apologize for the delay.

I'd like to apologize for~(~에 대해서 사과합니다)라는 표현을 사용한다. 비즈니스에 적합한 표현이다.

별 것 아니지만 받아 주세요.   (선물을 주며)

✗ Here's worthless gift.

쓸모없는 선물 받으세요.

뭐든 영어로 직역을 하면 위험할 수 있다. worthless gift라고 하면 '쓸모없는 선물'이라는 뜻이 된다. Well then, I don't want it.(그렇다면 그런 거 필요 없어요!)이라는 대답이 돌아올지도 모른다.

Here's a little gift for you.

little gift라고 하면 '작은 선물'이라는 뉘앙스를 나타낼 수 있다. 한국말로 '별 것 아니지만'을 영어로 말할 거라면 이렇게 표현하자.

저에 대해서는 신경 쓰지 마세요.

✗ **Don't take care of me.**

환자 취급하지 마!

take care of~(사람)는 병이 나서 다른 사람의 도움이 필요한 경우에 사용하는 게 일반적이다. '간호하다, 돌보다'라는 의미이다. 예를 들면, I have to take care of my mother.(병든 어머니를 간호해야 해)와 같이 사용된다.

Don't worry about me.

이렇게 대답하는 것이 자연스럽다. 또는 Don't let me bother you. 라고 해도 좋다.

글쎄, 생각해 볼게요. (완곡하게 거절할 때)

✗ **I'll think about it.**

알겠습니다. 긍정적으로 검토해 보겠습니다!

이렇게 말하면 거절이 아니라 긍정적으로 검토한다는 뜻이 되어버린다. 이 표현은 O.K.라고 말하는 것과 마찬가지다.

I'm afraid I'll have to say no.

이 표현이라면 미안해하면서 거절하고 있다는 의미가 전달된다.

시간이 나는 대로 이 계약서를 보내겠습니다.

✗ **I'll send this contract to you if I have time.**

 마음이 내키면 계약서를 보내 줄게.
if I have time이라는 표현은 전혀 긍정적인 느낌이 들지 않는다.
이 문장으로는 '마음이 내키면 하겠다'는 것과 마찬가지다.

 I'll send this contract to you when I have time.

when I have time이라고 하면 '시간이 나는 대로'라는 일반적인
표현이 된다.

제품을 팔기 위해 상사와 함께 중국에 갑니다.

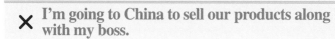
✗ I'm going to China to sell our products along with my boss.

 제품과 함께 상사도 팔기 위해 중국에 갑니다.
along with~는 '~와 함께'라는 뜻이다. 이렇게 말하면 상사도 팔
겠다는 뜻이 된다.

 I'm going to China along with my boss to sell our products.

go to~(장소) along with~(사람) to~의 어순으로 말하면 '(to이하) 하기 위
해서 (사람)과 함께 (장소)에 가다'라는 정확한 표현이 된다.

슬슬 가 봐야겠어요.

✗ I have to leave.

 더 이상 여기 있기 싫어.
'빨리 그곳을 뜨고 싶다'는 뉘앙스를 내포하고 있다.

 I'm afraid I have to be going.
I have to be going.이면 '가야 할 것 같다'는 뜻이 전달된다. 또한
I'm afraid를 먼저 말하면 유감스럽다는 감정을 전달할 수 있다.

시간을 내주셔서 감사합니다.

✗ Thanks to seeing me.

 나를 만난 덕분이야.
thanks to~는 '~의 덕분'이라는 뜻이다. 예를 들면, Thanks to you,
I was able to graduate.(덕분에 졸업할 수 있었어요) 등으로 사용한다. 따
라서 이렇게 말하면 '나를 만난 덕분이야'라는 뜻이 된다.

 I appreciate your time.
이렇게 말하면 감사의 마음이 제대로 전달된다.

Thank you for taking the time to meet with me.
'시간을 내주셔서 감사합니다.' 정중한 표현으로서 적절하다.

약속이 되어 있으세요?   (안내 데스크에서)

✖ Do you have an appointment?

이렇게
들린다
약속이 정말 있기나 한 거니? 없는 것 같은데…….
이렇게 직접적으로 물어보면 '약속 안 했지?'라는 부정적인 뉘앙
스가 되므로 주의해야 한다.

이렇게
말하자
What time is your appointment?
'약속 시간이 언제세요?' 안내 데스크에서 고객이 약속을 하고 왔
는지 물을 때는 이렇게 말하는 것이 가장 자연스럽다.

ABC회사에서 오셨어요?

✖ Are you a staff at ABC?

이렇게
들린다
ABC기업의 지팡이세요?
staff는 셀 수 있는 명사로서 '지팡이'와, 셀 수 없는 명사로서 '직
원'이라는 뜻이 있다. a가 붙으면 셀 수 있는 명사이므로 'ABC회사의 지팡
이'라는 뜻이 되어버린다. 한편, Are you the staff at ABC?라고 하면 '당
신이 ABC회사의 유일한 직원이세요?'가 되므로 이 표현도 안 된다.

이렇게
말하자
Do you work for ABC?
이렇게 묻는 것이 가장 정확하고 자연스럽다.

기다리고 있었습니다.

✗ We were waiting for you.

이렇게 들린다 좀 전까지 기다리고 있었는데 말이야.

과거진행형으로 말하면 끝난 사실에 대해 말하는 것처럼 들린다. 그러니까 '기다리고 있었지만 더 이상은 기다리고 있지 않다'는 뜻이다.

이렇게 말하자 **We've been waiting for you.**

현재완료진행형으로 말해야 '(지금까지) 기다리고 있었습니다'라고 기분 좋게 말하는 표현이 된다. '잘 오셨습니다'라고 말하고 싶으면, Thank you for coming.이라고 한다.

잘 오셨습니다.

✗ I'm glad that you came today.

이렇게 들린다 와주셔서 안심이에요.

I'm glad that~은 '~해서 안심했다'는 뉘앙스로 사용된다. 고객을 맞이하는 말로는 적절하지 않다.

이렇게 말하자 **It's good to see you.**

가장 자주 쓰는 표현이다.

찾아온 손님 접대

62

이쪽으로 오세요.　　　　　　　　　(손님을 안내하면서)

✗ Follow me.

따라와.
마치 교사가 학생에게 지시를 하는 느낌을 준다. Come this way.
도 약간 거만하게 느껴진다.

Let me show you to the meeting room.
고객을 상대로 한다면 Let me show you to~(~까지 안내하겠습니
다)라는 표현이 적합하다.

편하게 계세요.

✗ Please relax.

침착해!
이 문장은 긴장하거나 흥분한 사람을 진정시키기 위해 사용하는
것이 일반적이다.

Please make yourself comfortable.
make oneself comfortable은 '편하게 지내다', '쉬다'는 뜻의 표
현이다. 네이티브가 자주 사용한다.

저희 회사가 어딘지 기억하세요?

✕ **Do you remember my office?**

이렇게 들린다 저희 회사가 그리우시죠?

현재형으로 Do you remember~?라고 하면 '~을 기억해요? 정말 그립지요?'라며 뭔가를 그리워하는 표현이 된다. 한편, 과거형으로 Did you remember~?라고 말하면 '~을 갖고 왔어요?'라는 뜻이 되어버린다.

이렇게 말하자 **Do you remember how to get to my office?**

장소에 대한 기억을 묻는다면, Do you remember how to get to~ 라고 말해야 한다.

저희 회사를 찾는 데 힘들지 않으셨어요?

✕ **Did you have difficulties finding my office?**

이렇게 들린다 저희 회사를 찾는 데 고통스러운 일이 있었어요?

difficulties라고 복수형으로 쓰면 이렇게 어색한 표현이 된다.

이렇게 말하자 **Did you have trouble finding my office?**

trouble을 사용해서 단순하게 질문한다. Did you have trouble ~(ing)?은 '~하기 힘드셨죠?'라는 뜻이다.

Did you have difficulty getting here?

difficulty로 단수형을 사용하면 문제없다.

그가 사무실에 있는지 확인해 볼게요.

✗ I'll make sure he is in his office.

이렇게 들린다 그가 반드시 사무실에 있도록 할게요.

I'll make sure라는 표현은 전혀 다른 의미로 사용된다. 예를 들면, I'll make sure the job is done by Friday.(금요일까지 그 일을 끝내도록 할게요.)와 같은 의미로 사용된다.

이렇게 말하자 **I'll see if he's in his office.**

see에는 '확인하다'는 뜻이 있다. 이것을 사용하면 자연스럽게 표현할 수 있다. Let me see if he's here.도 네이티브가 자주 사용하는 표현이다.

네, 알겠습니다. (' ~씨에게 안부 전해 주세요' 라는 말을 듣고)

✗ I will.

이렇게 들린다 알겠다고.

이것만으로는 불충분하다. 말투에 따라서는 무척 퉁명스럽게 들릴 수 있으므로 주의하자.

이렇게 말하자 **I certainly will.**

certainly를 추가하는 것만으로 분위기는 크게 달라진다. '잘 알겠습니다. 꼭 전하죠.'라는 뉘앙스이다. Certainly.라고만 해도 좋다.

그것은 어려울 것 같습니다.　　　　　　　　　　(거절할 때)

✕ It's difficult.

 어렵지만 해 보겠습니다.
difficult라는 단어밖에 생각나지 않는다면 곤란하다. 이 말을 그대로 It's difficult.라고 말하면 '어렵지만 해 보겠다'는 의미가 되므로 거절이 아닌 것이 되어버린다.

 I'll have to say no.
비즈니스에서 거절할 때 자주 사용하는 표현이다. have to를 사용하면, '그렇게 할 수밖에 없다'는 의미가 함축된다.

긍정적으로 검토해 보겠습니다.

✕ I'll consider it positively.

 반드시 검토할 게!
positively는 '틀림없이', '절대로'라는 뜻이다. 예를 들어, I'm positively sure.(절대적으로 확실해), I'm going to quit. Positively!(그만둘 거야. 반드시!) 등과 같이 사용한다. '긍정적으로'라는 의미는 없다.

 I'll have a good look at it.
한국어로 '긍정적으로 검토하겠습니다'에 가장 가까운 표현이 이것이다.

좀 도와줘.

✗ Please help me.

이렇게 들린다
살려주세요!
과장된 표현으로서 부자연스럽다. 이렇게 표현하면 상대방은 뭔가 큰일이 난 줄 알 것이다.

이렇게 말하자
Could you give me a hand?
약간의 도움을 요청하는 경우에 자주 사용하는 표현이다. give someone a hand로 '~을 돕다'는 뜻이 된다. 보다 간단하게 'I need a hand'라고 말해도 된다.

잠깐 메모할 수 있겠어?

✗ Can you write a memo?

이렇게 들린다
아무리 너라도 메모 정도는 할 수 있지?
이 경우 Can you~?라고 물으면 이런 뉘앙스가 되니 주의한다. 상대방은 굴욕을 당한 것 같아 화가 치밀어 오를지도 모른다.

이렇게 말하자
Could you take a memo?
Could you~?를 사용한다. '메모를 하다'는 take a memo이다. 다른 표현으로는 write that down(써 두다), jot down(재빨리 메모하다)도 있다.

부하직원과의 대화

67

서둘러 주세요.

✗ Hurry up!

빨리 좀 해!

이 말은 '빨리 해!', '서두르란 말이야!' 등, 재촉하듯이 들려 어른스럽지 못하다.

Actually, I'm kind of in a hurry.

'사실, 좀 서둘러야 해요'라는 뉘앙스로 상대를 질책하지 않는 표현이다. 한국어라도 이렇게 말해야 할 것이다.

천천히 하세요.   (일을 부탁하면서)

✗ Do it slowly.

천천히 신중하게 해 줘.

이렇게 말하면 신중하게 하라는 군더더기가 붙어 부담을 주는 뉘앙스가 된다.

Take your time.

흔히 사용하는 문장이다.

Just do it when you have some time.

'시간 있을 때 하면 된다'는 뜻이다.

이걸 택배로 보내 주게.

✕ Send this by express delivery.

이렇게 들린다 이걸 택배로 보내라.
아무리 상사라도 어느 정도 예의를 지킬 필요가 있다. 이런 식으로 말하는 상사는 부하직원들에게 미움 받기 십상이다.

이렇게 말하자 **Send this by express delivery, would you?**
뒤에 would you를 붙이는 것만으로 기분 좋은 부탁 표현이 된다. 꼭 써보기 바란다.

이걸 우편함에 넣어 줄 수 있겠어?

✕ Could you put this into the mailbox?

이렇게 들린다 이걸 우편함에 쑤셔넣어 줄래?
전치사로 into를 쓰면 이상한 표현이 되므로 주의하기 바란다. put into는 같은 '넣다'라고 해도 '억지로 쑤셔넣다', '일부러 끼워넣다'라는 의미가 내포되어 있다.

이렇게 말하자 **Could you put this in the mailbox?**
이 경우에는 전치사 in을 쓴다.

팩스 좀 보내 주게.

✗ Fax this, please.

이렇게 들린다
이거 팩스로 보내.
please를 넣는다고 해서 정중해지는 것은 아니다. 오히려 위압적인 느낌을 줄 수 있다. 부하직원에게 미움 받고 싶지 않다면 이런 표현은 피해야 할 것이다.

이렇게 말하자
Could I ask you to fax this?
Could I ask you to~?라는 표현이 좋다. '~을 부탁해도 될까?'라는 친근하고 부드러운 느낌을 준다.

표를 구해 줄 수 있을까?

✗ Could you buy my tickets?

이렇게 들린다
내가 가지고 있는 표를 사 줄 수 있겠나?
'내가 갖고 있는 표를 사주세요'라는 뜻이다. '표를 팔고 있나?'하는 의문이 생긴다.

이렇게 말하자
Could you buy me some tickets?
buy my tickets가 아니라 buy me some tickets라고 하면 된다. tickets는 복수형을 사용한다는 것을 잊지 않도록 하자. buy 대신 get도 사용할 수 있다.

일하는 속도가 빠르군.

 ✗ **You do your job fast.**

 꾸물대지 말고 빨리 좀 해.
네이티브에게는 You, do your job fast.(너, 일하는 속도가 너무 느려.)라는 뜻으로 들린다.

 You do fast work.
do fast work로 '일을 빨리 처리하다'는 뜻이 된다.

You're a fast worker.
이렇게 표현할 수도 있다. fast worker는 '일을 빨리 처리하는 사람'이라는 뜻이다.

언제 끝나지?

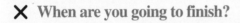 ✗ **When are you going to finish?**

도대체 언제나 끝낼 작정이야?
going to는 의도적으로 그렇게 할 때 쓰는 표현이다.

 When will you finish?
When will you~?로 간단하게 질문하면 된다.

When will you be able to finish?
이 표현은 '언제 끝낼 수 있겠어?'라는 뜻이다.

자네라면 할 수 있네.

✕ You can do.

자네 같은 사람도 할 수 있다네.
전혀 신뢰하지 않는다는 느낌을 준다. ~can do는 '~로 어떻게든 되다', '어떻게든 괜찮다'는 의미의 표현이다. 예를 들면, I need a pen, but this pencil can do.(펜이 필요하지만 이 연필이 있으면 됐어.)와 같은 경우에 사용한다.

You can do it.
it을 붙이면 된다.

자네의 업무능력은 만족스럽다네.　　　　(부하를 칭찬하며)

✕ Your work is satisfactory.

자네의 업무능력은 그저 그렇다네.
satisfactory라는 말에는 칭찬하는 의미가 들어 있지 않으므로 주의해야 한다. 만족은 만족이지만 '참을 수 있을 정도의 만족'이라는 뜻이다. 그러니까 전혀 칭찬의 말이 될 수 없다.

I'm fully satisfied with your work.
그 사람의 업무능력에 대해 정말로 만족하고 있다면, fully satisfied with라는 표현이 가장 적절하다.

잠깐 내 사무실에 와 주겠나?

✗ I'll see you in my office.

 이봐! 잠깐 사무실로 와!

질책하기 위해서 호출하고 있는 것 같다. 상사로부터 이런 말을 듣는다면 부하는 Did I do something wrong?(제가 뭔가 실수라도 한 겁니까?) 하고 긴장부터 하게 될 것이다.

부하직원과의 대화

 Could you come to my office?

간단하게 이렇게 말하자.

결과를 보고해 주게.

✗ Please report to me.

 넌 내 부하야.

report to me라고 말하면, report to~가 '~의 감독 아래에 있다'라는 뜻이 된다. Please report to me all changes and additions.(변동이나 추가사항이 있을 때는 전부 보고해 주세요.)와 같이, 구체적인 내용까지 말한다면 상관없다.

 Please report the results to me.

report the results to~(~에게 결과를 보고하다)를 사용한다.

금요일까지 마치면 좋겠어.

✗ Finish by Friday, please.

 금요일까지 끝내도록. 알겠나?

please를 덧붙여도 전혀 정중하지 않은 대표적인 예이다. 오히려 더욱 위압적인 표현이 되므로 이와 같은 거만한 표현은 피하도록 한다.

We need to finish by Friday.

주어를 we로 하는 것이 중요하다. 이렇게 표현하면 신사적으로 지시할 수 있다.

이 프로젝트가 성공하면 파티를 엽시다!

✗ Let's have a celebration if this project succeeds.

 프로젝트가 성공하면 파티라도 합시다. 아마 불가능하겠지만.

if this project succeeds라고 if절로 표현하면 처음부터 불가능하다고 단정하고 있는 것 같은 부정적인 표현이 된다.

Let's have a celebration when this project succeeds.

if가 아니라 when을 사용한다. 이 표현에는 부정적인 뉘앙스가 들어있지 않다.

경비 절감에 신경 써야 하네.

✗ **Keep cost reduction in mind.**

 경비 절감을 잊지 마.
말하고 싶은 내용은 알겠으나 네이티브가 듣기에는 무척 부자연스럽다. Keep ~ in mind는 '~을 잊지 마'라는 뜻으로서, 보통 이 표현은 다른 상황에서 사용한다. 예를 들면, Please keep me in mind.(날 잊지 마.)와 같이 사용하는 것이 일반적이다.

 Please try hard to reduce costs.
Please try hard to~(열심히 ~해 주세요)라는 표현을 사용하면 정확하게 뜻이 전달된다.

빈손으로 가지 않도록 하게.

✗ Take some present with you.

 값비싼 선물을 가지고 가게나.
이런 상황에서 쓰고 싶은 단어가 some인지도 모르겠다. 보통 '어느 정도의', '어느 정도 분량의'라는 의미지만, 상황에 따라서는 '대단한 (양의, 액수의)'이라는 뜻이 될 때도 있다. some present도 '대단한 (액수의, 양의)선물'이라는 뉘앙스가 강하다.

Take a present or something with you for them.
'선물이든 뭐든 가져가도록 해'라는 의미이다.

스미스 부장님, 좋은 아침이에요.

✗ **Good morning, Mr. Smith.**

 좋은 아침이에요, 스미스 님. 기분은 좀 어떠세요?
상사라고 해도 본인을 앞에 두고 경칭을 붙이면 거리감을 두는 것처럼 들리므로 좋지 않다.

 Good morning, John!
회사에서 항상 만나는 사람이라면, 상사라도 이름으로 부르는 것이 좋다.

드릴 말씀이 있어요.

✗ **We need to talk.**

 문제가 생겼어요.
이런 식으로 말하면 필요 이상으로 심각하게 들리므로 좋지 않다.
가볍게 할 얘기라면 이렇게 말하지 않는다.

 Could you spare me a moment?
여기서 spare는 '시간을 쪼개다'라는 뜻이다. '잠깐 시간 있으세요?'라고 말하고 싶을 때, 이 표현을 사용한다.

Do you have a minute?
이 표현도 자주 사용된다.

도와 드릴까요?

✗ Do you need help?

이렇게 들린다 안 도와 드리면 못하시는 거예요?

이렇게 말하면 네이티브의 귀에는 Do you need help in order to finish?(도와주지 않으면 못 끝내는 겁니까?)를 짧게 표현한 것으로 들린다. 화가 나 있는 사람처럼 보일 수 있으므로 주의한다.

이렇게 말하자 **Do you need a hand?**

가볍게 도움을 주겠다는 느낌을 살려낸다. Do you need some help?나 Let me help.라는 표현도 자주 사용된다.

상사와의 대화

무엇을 하면 될까요?　　　　　(도우려고 할 때)

✗ What shall I do?

이렇게 들린다 도대체 뭘 해야 하죠?

이 경우에 shall을 사용해서는 안 된다. 이렇게 말하면 '어떻게 해야 돼?!', '뭘 어떻게 해야 할지 모르겠어!' 등으로 혼란스러워하는 느낌을 준다.

이렇게 말하자 **Is there anything I can do?**

'제가 할 수 있는 일이 뭔가 있을까요?' 또는 How can I help?라고 표현해도 좋다.

네, 알겠습니다. (상사에게)

✕ Yes, sir.

 네, 네, 네.

상사나 고객 등, 아는 사람에게 이렇게 말하면 정중하다기보다 비아냥거리는 것으로 들릴 수 있으므로 주의한다. 처음 보는 사람에게 사용하는 경우라면 문제없다.

 Certainly.

Sure.나 Of course. 등도 같은 뜻이다. 단, 일상회화에서 자주 사용하는 Yeah.는 비즈니스에서는 어울리지 않는다.

바로 가겠습니다. (상사가 부를 때)

✕ I'll be there as soon as possible.

 지금 바로는 못 가요.

as soon as possible은 '가능한 한 빨리'라는 뜻이다. 그곳으로 가기까지 어느 정도의 시간이 필요할 때에만 이렇게 말해야 한다.

 I'll be there right away.

즉시 갈 수 있다면, right away라는 표현이 가장 적절하다.

지금 좀 바쁩니다.

✗ I'm busy now.

 지금 바빠!
이 표현은 너무나 퉁명스럽게 들린다. 한마디만 첨가하는 것만으로도 훨씬 부드러운 느낌으로 표현할 수 있다.

I'm a little busy now.
이렇게 대답하면 무뚝뚝한 느낌이 사라진다. '죄송해요. 지금은 조금 바쁘거든요'라며 부드럽게 거절하는 표현이 된다.

해야 할 일이 많아요.

✗ I have a lot of work to be done.

누군가가 해 주지 않으면 안 되는 일이 많이 있어요.
to be done이라고 하면, I have a lot of work to be done by someone.이라고 말하는 것처럼 들리므로 의미가 정확하게 전달되지 않는다.

I have a lot of work to do.
간단하게 이렇게 말한다.

I'm quite busy today.
바쁜 날이 그 날 하루뿐이라면 이렇게 말한다. '오늘은 정말 바빠요.' I have a full workload today.라고 말해도 같은 뜻이다.

아직 할 수 있는 여지가 있어요.

✗ There's little I can do.

할 수 있는 건 이제 아무 것도 없어요.
이 표현은 가능성이 남아 있지 않을 때 하는 말이다.

There's a little I can do.

손 쓸 수 있는 여지가 조금이라도 남아 있다면, 반드시 a little이라고 해야 한다.

어떻게든 되겠죠.

✗ Okay, I'll try.

어차피 안 되겠지만, 해 볼게요.
try라는 단어를 긍정적인 의미로 착각해서 사용하는 사람이 의외로 많다. 하지만 실제로는 '어차피 안 된다고 생각하지만, 해 본다'는 부정적인 뜻으로 사용되는 일이 많다.

I'll see what I can do.

'해 보겠어요'라는 느낌이다. 제대로 표현하려면 이 문장이 제격이다.

I don't think there'll be a problem.

'특별한 문제는 없다고 본다'라는 뜻으로, 믿음직한 느낌을 준다.

한 것도 없는데요, 뭘. ('잘 했어' 라는 칭찬을 듣고)

✕ It was nothing.

내 실력에 이것쯤 별 거 아니에요.
전혀 겸손함을 느낄 수 없는 말투다. 오히려 꼴불견일 정도로 자신만만한 느낌이 들어 나쁜 인상을 준다.

Thank you.
칭찬을 들었다면 정직하게 고맙다고 한다. 이것이 네이티브식이다.

날씨가 좋아서 매출도 늘었어요.

✕ Because the weather was nice, sales were strong.

매출이 오른 유일한 이유는 날씨가 좋아서였어요.
Because~는 이유가 그 하나에 한정될 때 사용해야 한다. '유일한 이유가 날씨'라니, 자연스럽지 못한 표현이다.

The weather was nice, and so sales were strong.
and so라는 표현을 외워두자. 이렇게 말하면 '그 결과 ~하게 되었다'는 자연스러운 이야기의 흐름의 만들어낼 수 있다.

이건 공평하지 않아요.

✕ **That's not fair.**

 너무한 거 아니야?
아이가 떼를 쓰는 것처럼 들릴 수 있다. 나이 먹은 어른이라면 이런 식으로 말하지 말아야 한다.

 That's not equitable.
equitable(공평한, 공정한)이라는 단어를 외워두자.

How can we make it a little more equitable?
불공평하다고 확실하게 말할 수 없는 상황이라면, 이와 같은 질문을 하는 것도 방법 중의 하나다. '어떻게 하면 좀 더 공평하게 될까요?'

사장님, 이걸 봐 주세요.

✕ **Mr. President, could you look at this?**

 대통령 각하, 이걸 봐 주십시오.
기업의 사장을 Mr. President라고 부르지는 않는다.
Mr. President라고 불리는 사람은 대통령뿐이다.

 Could you look at this, John?
서양에서는 사장이나 상사도 이름을 부르는 것이 일반적이다.

오늘은 예정이 있어요.

✗ I have a schedule today.

오늘은 예정표를 가져 왔어요.
'예정'이라는 말에 schedule이라는 단어만 떠오른다면 이런 실수를 하기 쉽다. 이 경우에는 '예정표'라는 의미로 들린다.

I'm afraid my schedule is full today.

이 경우에는 full(꽉 찬)이라는 단어를 사용하면 '스케줄이 꽉 찼다'라는 뉘앙스를 제대로 살릴 수 있다. I'm afraid를 문장의 첫머리에 가져오면 미안스러워하고 있다는 느낌을 줄 수 있다.

상 사 와 의 대 화

제가 술을 못 마셔요. (상사에게 술 마시러 가자는 제안을 받고)

✗ I don't drink.

저는 술 같은 거 못 마셔요.
말하는 태도에 따라 다르겠지만, 술 마시는 행동을 비아냥거리는 듯한 말투이다.

I'm not much of a drinker.

'술을 잘 못 마셔요'라는 가벼운 대답이다.

I can't handle alcohol.

체질적으로 술을 못 하는 경우에는 이렇게 말한다. 또한 '저는 음료수로 하겠어요'라고 말할 때는, I'll just have a soft drink.라고 하면 된다.

프레젠테이션을 시작하겠습니다.

✗ I'll make a presentation today.

 오늘은 누구도 아닌 제가 프레젠테이션을 할 겁니다.
고객에게 사용하기에는 다소 강한 주장처럼 들린다. 한국어로도 고객을 앞에 두고 '누구도 아닌 바로 제가 프레젠테이션합니다'라고는 말하지 않을 것이다.

 ### I'd like to give you a presentation today.
이런 상황에서는 I'd like to~가 공손해 보이면서 가장 적절하다.

테이블 위에 자료를 비치해 놓았습니다.

✗ I handed the documents out on the table.

 테이블 위에 서서 자료를 배포했습니다.
hand ~ out은 '건네다'는 뜻이다. 이렇게 말하면 '테이블 위에 서서 자료를 한 사람 한 사람에게 건네주었다'는 뜻이 된다.

 ### I put some documents on the table.
put ~ on the table이라는 표현을 사용하면 문제해결.

저희 회사 팸플릿을 배포하겠습니다.

✗ I'll hand over our pamphlet.

 팸플릿을 양도하겠습니다.

hand over는 '양도하다'라는 뜻으로, 보통 비즈니스에서는 사용하지 않는다. 예를 들어, 강도가 협박할 때, Hand over your money!(돈 내놔!)라고 말한다.

I'll hand out our pamphlet.

'배포하다'는 의미라면 hand out을 사용한다.

자료를 봐 주세요.

✗ Please see the material.

 Material 씨를 만나러 가 주세요.

동사에 see를 사용하면 material이 사람으로 들릴 수 있다. Please see the account.(회계사를 만나러 가 주세요)와 같이 사용하는 것이 일반적이다.

Please look at the material.

이 경우에 동사는 look at을 사용한다.

Please have a look at the handouts.

have a look을 사용하면 '잠깐 봐 주세요'라는 뉘앙스가 된다.

먼저 비디오를 봐 주십시오.

✕ At first let's watch the video.

 처음에는 비디오를 봐 주세요.
at first는 '초반에는', '처음에는'이라는 뜻으로서 다른 상황에서 사용된다. 예를 들면, At first I thought he was lying.(처음에는 그가 거짓말하고 있다고 생각했어)과 같이 사용한다.

회사 밖에서의 회의

First, let's watch the video.

'우선은 ~해 주세요'라고 말하는 경우에는 at이 불필요하다.

다음의 코멘트를 참고해 주세요.

✕ Please refer the following comment.

 다음 코멘트를 소개해 주세요.
refer someone to someone은 '~(사람)을 ~(사람)에게 소개해 주세요'라는 뜻의 표현이다. 예를 들면, Please refer Mr. Jones to your client.(존스 씨를 당신의 고객에게 소개해 주세요)와 같이 사용하는 것이 일반적이다.

Please refer to the following comment.

'~을 참고해 주세요'라고 말하려면 to를 붙여서 refer to~로 한다.

이 건에 대해서 이야기해 봅시다.

✗ Let's talk about this problem.

 이 결함에 대해서 이야기해 봅시다.

'이 건에 대해서'라고 말하고 싶다면 problem을 사용해서는 안 된다. problem은 기계의 고장 등과 같은 명백한 문제나 결함 등을 가리킬 때 사용하는 것이 일반적이다.

Let's talk about this issue.

논의할 필요가 있는 '사안'은 issue라는 단어가 가장 적절하다.

두 가지 문제점에 대해 이야기해 봅시다.

✗ We have two troubles to discuss.

두 가지 고민에 대해 이야기해 봅시다.

troubles는 '문제점'이라기보다는 '고민'에 가깝다. 고민 상담소에서나 쓸 수 있는 말이다.

We have two problems to discuss.

이 경우에는 troubles가 아니라 problems를 사용해야 한다. 비슷한 의미의 단어일지라도 사용하는 상황은 완전히 다를 수 있으므로 주의하자.

이 건에 대해 설명해 주세요.

✕ Please explain about this incident.

 이 건에 대해서가 아니라, 이 건에 관련된 것에 대해서 설명해 주세요.

Please explain~만으로도 '~에 대해서 설명해 주세요'라는 뜻이 된다. 불필요한 about을 사용하면 네이티브에게는 무척 부자연스럽게 들린다.

 Please explain this incident.

about은 불필요하다. Simple is best!임을 잊지 말자.

Please tell us about this.

about을 사용한다면 이렇게 말한다.

나중에 설명해 드리겠습니다.

✕ I'll explain you later.

 나중에 당신을 분석해서 설명해 드리죠.

이렇게 말하면 완전히 뜻이 달라진다. 한편, I can't explain you. 라고 하면 '당신은 이해할 수 없는 사람이다'라는 뜻이 된다.

 I'll explain this to you later.

'이것에 대해서 당신에게 설명한다'라면 explain this to you라고 해야 한다.

질문이 하나 있어요.

✗ I have just one question for you.

 꼭 대답해 줬으면 하는 질문이 있어요.
갑자기 이런 말을 들으면 상대방은 무슨 심각한 일이라도 있는 줄 알고 걱정부터 할 것이다.

 Just a quick question.
간단한 질문이라면 이렇게 묻는 것이 자연스럽다. Just one question.이라고 해도 된다.

질문이 없으시면 다음으로 넘어가겠습니다.

✗ If anyone has no question, we'll move on.

 한 사람이라도 이해가 되었다면 다음으로 넘어갑시다.
anyone은 '한 사람'이라는 뜻이다. 그러니까 여기서는 모든 것을 이해한 사람이 한 사람이라도 있다면 더 이상 질문을 받지 않겠다는 뜻이 되어버린다. 그러면 질문하고 싶은 사람이 있어도 못하는 상황이 발생하게 될 것이다.

If there are no questions, we'll move on.
이런 경우에 there are를 사용하면 자연스러운 표현이 되므로 외워 두자.

If none has a question, we'll move on.
이렇게 말해도 된다.

89

조지 씨는 어떻게 생각하세요?

✗ How do you feel, George?

조지 씨, 몸은 좀 어떠세요?
사용하는 상황이 다르다. 이것은 건강 상태를 물어 볼 때 쓰는 표현
이다.

What do you think, George?
how가 아니라 what으로 질문한다.

How do you feel about this, George?

How do you feel을 사용하려면 뒤에 about this를 붙인다. 그러면 의견을
구하는 표현이 된다.

이 기획을 어떻게 생각하세요?

✗ Do you think this is a good proposal?

이 기획, 별로네요.
이렇게 말하면 명백하게 이 기획에 대해 불만을 갖고 있는 것처럼
보인다. '이 기획, 어때? 별로지?' 하는 부정적인 뉘앙스다.

What do you think of this proposal?
이렇게 말하면 보다 중립적인 입장에서 묻고 있다는 느낌을 나타
낼 수 있다.

가격을 낮출 필요가 있겠군요.

✗ **You must lower the price!**

 가격을 꼭 낮추어 보세요! 즐거울 거예요!
You must~로 말하면 즐거운 일을 하라고 추천하고 있는 듯한 느
낌을 준다. 예를 들면, You must try the kimchi!(김치를 먹어 보세요! 맛있
을 거예요!)와 같은 경우이다.

 You need to lower the price.
need to는 일반적으로 제안하는 경우에 사용된다.

저희 회사 연차보고서를 보시겠습니까?

✗ **Would you like to watch our annual report?**

 저희 회사 보고서를 감상하시겠습니까?
look과 watch를 혼동해서 사용하는 사람이 의외로 많은데 주의하
기 바란다. 같은 '보다'라도 watch는 움직임이 있는 것(예를 들면, 영화나
시합)에 사용하는 것이 일반적이다. 반대로 look은 움직임이 없이 정지해
있는 것(예를 들면, 사진 등)에 대해 사용하는 게 일반적이다.

 Would you like to look at our annual report?
보고서는 움직임이 없는 정지된 사물이므로 look을 사용한다.

제 의견에 찬성하세요?

✗ **Do you agree to my opinion?**

 제 의견에 따라 행동하는 것에 동의하세요?
네이티브에게는 Do you agree to act according to my opinion? 이라고 묻는 것으로 들린다. Do you agree to~?는 Do you agree to (do something)? (~해도 되겠습니까?), Do you agree to lower your price?(가격을 내려도 되겠습니까?)와 같이 사용하는 것이 일반적이다.

 Do you agree with me?
이 경우에는 to가 아닌 with로 써야 한다. agree with+~(사람)이면 '~에게 동의하다'는 뜻이 된다.

제 의견은 다릅니다.

✗ **I totally disagree.**

 말도 안 되는 얘기군요.
지나치게 단도직입적이다. 솔직하게 말하는 것은 좋지만 비즈니스에서 고객을 상대로 할 때는 좀 더 조심스러울 필요가 있다.

 My opinion is somewhat different.
'저는 좀 다른 의견이에요'라며 온화하게 이의를 제기하고 있다는 느낌을 준다. 이렇게 말하면 disagree와 같은 부정적인 단어를 사용하지 않아도 된다.

회의 전에 보고서를 검토해 두세요.

✗ **You had better read the report before the meeting.**

 회의 전에 보고서를 읽어두지 않으면 큰일 날 줄 알아!

You had better~는 위협하는 단어로 자주 사용되는 표현이다. 부모가 아이에게 이런 표현을 자주 쓴다. 가령, You had better finish your homework or I won't let you play video games with your friends.(숙제를 끝내지 않으면 친구와 게임하는 것을 허락하지 않을 거야!)와 같은 식으로 사용된다.

Please read the report before the meeting.
이렇게 말하면 좋은 느낌으로 조언할 수 있다.

It might be best if you read the report before the meeting.
It might be best if you~(~해 두면 좋을 거예요)라는 표현도 가능하다.

회의 준비를 해 둡시다.

✗ **Let's get ready for the meeting in advance.**

 회의 전에 사전 준비를 해 둡시다.

준비는 사전에 하는 것이 당연하다. 이렇게 말하면 get ready와 in advance가 중복된다.

 Let's get ready for the meeting.

get ready만으로 '사전에 준비하다'는 뜻이 된다.

Let's prepare for the meeting.

prepare는 get ready와 같은 뜻의 표현이다. 어떤 것을 사용해도 좋다.

앞 쪽에 앉아 주세요. (회의실에서)

✗ **Please sit in front of the room.**

 회의실 밖에 앉아 주세요.

in front of the room은 '회의실 문 앞'이라는 뜻이다. 이 표현은 회의실 밖의 출입문 앞에 앉으라는 의미가 된다.

Please sit in the front of the room.

in the front of the room으로 '회의실 (안의) 앞 쪽'이라는 뜻이 된다. the를 넣는 것이 중요하다.

회의는 두 번 합니다.

✗ The meeting will be performed two times.

이렇게 들린다 회의는 두 번 상연합니다.

perform에는 '하다'는 뜻도 있으나, '회의를 하다'라고 말할 때는 사용하지 않는다. '상연하다', '연기하다'는 뜻이 강하다.

이렇게 말하자 ### The meeting will be held two times.

'회의를 하다, 개최하다'라고 말할 때는 be held(held는 hold의 과거형)를 사용하면 정확하게 표현된다.

There will be two meetings.

이런 표현도 가능하다. '회의는 두 번 있습니다.'

스미스 씨와 다른 두 사람과 함께 회의를 합니다.

✗ I have a meeting with Mr. Smith and two people.

이렇게 들린다 스미스 씨라는 생물과 다른 두 인간과 함께 회의를 합니다.

이렇게 표현하면 Mr. Smith가 인간이 아닌 것이 되어버린다. 사람이 아니라면 도대체 뭐라는 것인가?

이렇게 말하자 ### I have a meeting with Mr. Smith and two other people.

two와 people 사이에 other를 넣는다. 이렇게 하면 '스미스 씨와 다른 두 사람'이라는 뜻이 된다.

회의에는 참석하지 못합니다.

✗ I will not go to the meeting.

 회의 따위 정말 싫어!

will은 주어가 I일 때는 단순한 미래형이 아니라, 강한 의지나 굳은 결심을 의미한다. 따라서 I will~이라고 하면 '나는 반드시 ~하겠다'는 뜻이 된다.

 I'm not going to go to the meeting.

be going to를 사용하면 단순한 미래형이 된다.

회
사
안
에
서
의
회
의

회의에 참가해야 합니다.

✗ I have to participate in the meeting.

회의에서 해야 할 일이 몇 가지 있어요.

회의 참석에 대해 말할 때, participate in~이라고 말하면 '스피치나 프레젠테이션 등 해야 할 일이 있어서 참가한다'는 뉘앙스가 된다. 단순한 출석만을 표현한다면 이렇게 말하지 않는다.

I have to attend the meeting.

'회의에 참가한다'고 말할 때는 동사 attend를 사용하면 정확하게 전달된다.

회의에 와 보시면 어떨까요?

✕ I suggest that you come to the meeting.

이렇게 들린다 회의에 와. 안 오면 큰일 날 거야.
suggest에는 '~을 제안하다'라는 뜻도 있지만, I suggest that you~라고 말할 경우에는 위협이나 경고를 하는 것처럼 들린다. 단순히 제안을 하는 것으로 느껴지지 않는다.

이렇게 말하자 ## Why don't you come to the meeting?
Why don't you~?(~해 보면 어떨까요?)라는 표현이 적당하다. I think it would be best if you came to the meeting.이라고 말하면 더 다정하게 느껴진다.

회사 안에서의 회의

기획의 구체적인 사항에 대해 알고 싶어요.

✕ I want to know the detail of the plan.

이렇게 들린다 기획의 구체적인 사항을 하나라도 좋으니까 가르쳐 줘.
detail을 단수형으로 사용하면 네이티브의 귀에는 '구체적인 사항을 하나만'이라는 식의 부자연스러운 문장으로 들린다.

이렇게 말하자 ### I want to know the details of the plan.
'구체적인 사항을 가르쳐 주세요'라고 요구하고 싶을 때는 details라고 복수형으로 말해야 정확하다.

어떻게든 해 보겠습니다.

✗ **I'll manage.**

싫지만 어떻게든 해 볼게.
네이티브가 싫은 일을 억지로 할 때, 자주 사용하는 표현이다.

I'll do my best.
I'll do it.
You can count on me.

모두 '맡겨 주세요'라는 뜻이다. 또는 Leave it to me.라고 해도 같은 뜻이다. 자신 있는 느낌을 준다.

어떻게든 대처해야 해.

✗ **We have to cope with this problem.**

아무 것도 할 수 있는 게 없으니까 참을 수밖에 없어.
cope with를 '대처하다'라는 뜻으로 생각하는 사람이 많다. 그러나 이는 실제로는 '참다'는 의미로 사용된다. 예를 들면, '시끄러워서 일을 할 수 없다'고 불평하는 사원에게, Just cope with it.(참아!)이라고 말할 때 사용된다.

We have to deal with this problem.
이 경우에는 deal with~(~에 대처하다, 대응하다)를 사용하면 정확하게 뜻을 전할 수 있다.

그것이 제가 담당하고 있는 일이에요.

✗ **That's my business.**

당신과는 상관없어요.
That's not your business.는 '당신과는 상관없다'라는 뜻이며, 마찬가지로 That's not my business.라고 하면 '나와는 상관없다'는 냉담한 표현이 된다.

That's my project.
'일'은 business가 아니라 project를 사용한다. in charge of~(~을 담당하고 있다)를 사용해서 I'm in charge of that project.라고 말해도 된다.

99

저는 찬성할 수 없어요.

✗ I disagree with you.

 반대!
이렇게 말하면 너무 일방적인 느낌을 준다.

 I have to disagree.

동의할 수 없는 명백한 이유가 있다면 이렇게 말하는 것이 일반적이다. I'm afraid I don't agree.도 상대방에 대한 배려가 느껴지는 표현이다.

다음 주 토요일에 계약합니다.

✗ We will contract next Saturday.

 우리는 다음 주 토요일에 축소될 거예요.
contract가 '계약하다'는 뜻의 동사로 쓰이는 일은 없다. 동사일 때는 '축소하다'는 의미가 일반적으로서, 전혀 다른 뜻으로 들린다.

 We will sign a contract next Saturday.

'계약하다'는 sign a contract이다. 네이티브가 자주 사용하는 표현이므로 외워 두자.

순조롭게 진행되고 있어요.

✗ We are doing good.

 우리는 세상과 사람들을 위한 일들을 하고 있어요.
do good은 '좋은 일을 하다', '자비를 베풀다'는 뜻이다.

 We are doing well.
do well이라고 한다. We are doing well.로 '잘 진행되고 있어요', '순조로워요'라는 뜻이 된다.

회 사 안 에 서 의 회 의

문제를 해결하기 위해 노력했어요.

✗ We made an effort to solve the problem.

 문제를 해결하기 위해 조금만 노력했어요.
큰 노력이 필요했다면 make a big effort라고 말할 것이다. 여기서 big을 제외하고 make an effort라고 하면 '조금만 노력했다'는 뜻으로 들린다. I wish you would make an effort.(조금은 노력하면 좋을 텐데.)와 같은 식으로 사용한다.

 We worked hard to solve the problem.
We worked hard to~라고 하면 노력을 아끼지 않았다는 뜻이 충분히 전달된다. We tried hard to~도 같은 뉘앙스이다.

좋은 질문입니다.

✗ Good Question.

이렇게 들린다 글쎄요, 잘 모르겠네요.
Good question.이라고 말해도 '좋은 질문이다'라는 뜻이 전달되지는 않으므로 주의한다. 이는 질문이 너무 어려워서 대답하기 어려울 때 사용하는 말로서, '잘 모르겠어요.'라는 의미다.

이렇게 말하자 ### That's an interesting question.
interesting은 단순히 '재미있다'는 뜻만이 아니라, '흥미롭고 신선하다'고 말할 때 사용하는 단어다.

흥미 있으세요?

✗ Are you interested in that?

이렇게 들린다 그런 것에 흥미가 있는 거야?
네이티브에게는 in that이라는 부분이 거슬린다. 예를 들면, I don't want to buy that.(그런 것 사고 싶지 않아), I don't want to talk to that guy.(그런 녀석과 말하고 싶지 않아)와 같이 사용된다.

이렇게 말하자 ### Are you interested in this?
that을 this로 바꾸면 뉘앙스가 완전히 달라진다.

한국에는 경쟁 기업이 3곳 있습니다.

✗ We have three competitor companies in Korea.

 한국에서 3개의 경쟁 기업을 경영하고 있어요.
이렇게 말하면 세 기업 모두 같은 경영자가 경영하고 있는 것으로 들린다.

 We have three competitors in Korea.
competitor만으로 '경쟁 기업', '경쟁 상대'라는 뜻이 된다.

신제품은 분명히 잘 팔릴 거예요.

✗ Our new product will be sold well.

 신제품은 능숙한 판매가 가능합니다.
will be sold well이라는 수동 표현을 쓸 경우에는 '판매가 능숙하다'로 의도와 다른 뜻이 된다.

 Our new product will sell well.
'많이 팔리다'는 말을 하고 싶다면 sell well을 쓴다.

I'm sure our new product will be a big seller.

be a big seller(히트상품이 되다)는 네이티브가 자주 사용하는 표현이다. 다른 표현으로는, This product will do great.나 This product is going to be a success. 등이 있다. 이들 중에 어떤 것을 사용해도 좋다.

103

금요일까지는 끝내겠습니다.

✗ We can make it by Friday.

 금요일까지는 그쪽으로 가겠습니다.

make it은 to arrive there(그곳에 도착하다)라는 뜻이다. 예를 들면, I can't make it to the meeting.(회의에는 늦을 것 같아요.)과 같이 사용하는 것이 일반적이다.

 ### We can do it by Friday.

이 경우에는 do를 사용한다. We can do it by~로 '~까지 할 수 있어요', '~까지 가능해요'와 같은 뜻으로 사용된다.

We can finish it by Friday.

물론 친숙한 finish라는 단어를 사용해도 좋다.

시간이 꽤 걸릴 겁니다.

✗ I need a long time to finish.

 저는 천천히 일을 하는 편이어서 상당한 시간이 걸릴 거예요.

I need라는 표현을 쓰면 '자신에게는 상당한 시간이 필요하다'는 뉘앙스가 된다.

It'll take me a long time to finish.

주어에 it을 사용하면 불필요한 뜻은 사라진다.

104

회의가 끝났습니다.

✗ **The meeting is finished.**

 회의는 이제 끝장났어.

이렇게 말하면 네이티브에게는 '희망이 사라졌다', '잘못됐다'는 뜻의 finished(형용사)로 들린다. 예를 들면, I'm finished here. I'm going to get fired.(이제 끝이야. 난 해고될 거야.) 등과 같이 사용된다.

 The meeting is over.

over를 사용하면 정확한 뜻이 전달된다.

The meeting has just ended.

'방금' 끝났다면, 이 표현을 쓴다.

어제 2시간 정도 회의를 했어요.

✗ **We had a two-hours meeting yesterday.**

 어제 2시간짜리 회의가 있었어요.

명사를 명사 앞에서 형용사로 사용할 때는 단수로 사용하는 것이 일반적이다. two-hours라고 복수로 하면 부자연스럽게 들린다.

We had a two-hour meeting yesterday.

hour를 단수형으로 써서, two-hour meeting으로 쓰면 문제없다.

주문하고 싶은데요.

✗ I'd like to order.

요리를 주문해도 될까요?
레스토랑에서 음식을 주문할 때는 이렇게 말해도 된다. 하지만 제품을 구입하는 경우에는 이런 표현을 사용하지 않으므로 주의한다.

I'd like to place an order.
'발주하다'는 표현은 place an order

몇 개를 주문하시겠어요?

✗ How many do you want?

몇 개가 필요한 거지?
너무 무뚝뚝해 보인다. 물건을 파는 입장에서 사용하는 말로는 부적절하다.

How many would you like?
would you like를 사용해서 정중하게 표현하면 완벽하다.

주문서를 보내 주세요.

✗ Will you please hand in an order form?

이렇게 들린다
주문서를 (숙제처럼) 제대로 제출해 주실 수 없을까요?
hand in은 '(숙제나 리포트를) 제출하다'와 같은 상황에서 사용하는 표현으로서, '주문서'에는 사용하지 않는다. 또한 Will you~?로 부탁하는 것도 '제대로 해 주시겠지요?'라는 뉘앙스가 포함되어, 필요 이상으로 강요하는 듯한 인상을 주므로 부자연스럽다.

이렇게 말하자
Would you send me an order form?
'저에게 주문서를 제출해 주세요'라고 부탁할 때는, send me an order form, 또는 provide me with an order form이라고 말하면 비즈니스에서 사용하는 깔끔한 표현이 된다.

견적서를 제출해 주시겠어요?

✗ Would you give me the estimate?

이렇게 들린다
거기 있는 견적서를 이리로 주시겠어요?
the estimate이라고 말하면 이미 그 장소에 견적서가 있으며, 상대가 그것을 가지고 있다는 것을 전제로 한 대화가 된다. 즉, '그 견적서를 이리로 건네 주세요'라고 말하는 것처럼 들린다.

이렇게 말하자
Could you give me an estimate?
이것이 가장 적절한 표현이다. 한편, '보내 달'고 말할 거라면 give 대신 send를 사용하면 된다.

정확하게 400달러입니다.

✗ The total comes to just $400.

이렇게 들린다 겨우 400달러야.

just의 사용법에 주의한다. '정확하게'라고 말할 때 이 단어를 잘못 사용하는 사람이 많다. just는 '겨우'라는 뉘앙스를 주므로 주의한다.

이렇게 말하자 **The total comes to $400 on the dot.**

on the dot은 네이티브가 매우 자주 사용하는 표현으로서, '정확하게'의 뜻이다.

The total comes to exactly $400.

이렇게 말해도 된다.

또 주문하실 게 있으세요?

✗ Do you have any other orders?

이렇게 들린다 다른 걸로 주문하면 안 돼요?

이 문장은 '그 주문은 안 되니까 다른 주문을 하라'는 말로 들리므로 뜻이 달라진다. 예를 들면, 립스틱 매장에서 Do you have any other colors?(이 색은 맘에 안 들어요. 다른 색은 없어요?)라고 묻는 상황 등에서 사용된다.

이렇게 말하자 **Do you have another order?**

any other가 아니라 another로, order는 단수형으로 쓴다.

Do you need anything else?

이 표현도 네이티브가 자주 사용한다.

내일까지 납품할 수 있겠어요?

✘ Is it possible to deliver tomorrow?

 내일 아기를 낳을 수 있겠어요?

뒤에 목적어를 두지 않고 deliver라고만 말할 경우, 네이티브는 '출산하다'는 뜻으로 생각할 것이다.

 ### Would it be possible to deliver the package tomorrow?

소포로 보내는 것이라면 deliver the package라고 한다. package는 '소포' 라는 뜻이다.

가격을 깎아 주세요.

✗ Please give me a discount.

 1원이라도 좋으니까 싸게 해 주세요.
이 표현은 '다만 얼마라도 좋으니까 싸게 해 달라'는 것처럼 들린다. 그러니까 1원 혹은 1%라도 싸게 해 준다면 만족하겠다는 뜻이다.

 ### I need a discount of at least 20 percent.
at least 20 percent(적어도 20%) 등과 같이 구체적으로 수치를 밝히는 것이 영어식 표현이다.

주문

1,000달러 깎아 주실 수 없을까요?

✗ Could you give me a discount for $1,000?

 1,000달러 드릴 테니 깎아 주세요.
for는 '그 대신에'라는 뜻이 있으므로 의도와는 완전히 다른 문장이 된다. 1,000달러를 내고서 얼마를 깎겠다는 건지, 정말 엉뚱하기 그지없다.

Could you give me a $1,000 discount?
a $1,000 discount라고 하면 된다.

저희 회사는 자동차 부품을 수출하고 있습니다.

✗ We export automobile parts overseas.

 저희 회사에서는 자동차 부품을 외국에 수출하고 있습니다.
수출은 당연히 외국으로 하는 것이므로 overseas는 필요 없다.

 We export automobile parts.
export만으로 충분하다.

이 용지에 기입해 주세요.

✗ You have to fill out this form.

 이거 안 쓰면 안 돼요!
have to는 '싫어도 하지 않으면 안 되는 일'에 일반적으로 사용한
다. You have to~라고 말하면 '싫어도 ~하지 않으면 안 돼!'와 같이, 하고
싶어 하지 않는 상대방에게 강요하는 말로 들린다.

 You need to fill out this form.
need to를 사용해 표현한다. 이렇게 말하면 군더더기 없는 깔끔한
표현이 된다.

저희들의 상품에 만족하시는지요?

✗ Are you satisfied with our products?

이렇게 들린다 우리 상품, 좀 쓸 만해요?
be satisfied with는 겨우 합격점 정도의 '만족'을 말한다. 자신의 회사 제품에 전혀 자신감이 없어 보이는 말투가 되어버린다.

이렇게 말하자 **Are you happy with our products?**
이런 경우에는 be happy with~가 가장 적절한 표현이다. 이 표현으로 '정말로 만족스럽다'는 뉘앙스를 전달할 수 있다.

오늘 출하했으면 합니다.

✗ I'd like you to ship my order today.

이렇게 들린다 오늘 출하해 줘.
I'd like to처럼 I'd like you to~를 정중하게 부탁하는 표현이라고 잘못 알고 있는 사람이 많다. I'd like you to~는 네가 해 줬으면 좋겠다는 뜻으로, '~해', '~해 줘'와 같은 뉘앙스로서 경우에 따라 위압적으로 들릴 수 있으므로 피하도록 한다.

이렇게 말하자 **I'd like to ask you to ship my order today.**
to ask를 넣어 말하면 부드러운 느낌의 부탁 표현이 된다.

책임자가 누구예요?

✗ **Who is the responsible person?**

책임감 있는 사람은 누구야?
responsible person은 '책임감이 있는 사람'이라는 뜻이다. I'm pretty responsible.(나도 책임감은 있는 편이에요)이라는 대답이 돌아오지 않으면 다행이다.

Who's in charge?
in charge는 '책임자로서', '담당하는'의 뜻이다. 아주 간단하고 자연스러운 영어 표현이다.

Who's in charge of this project?
in charge of~는 '~을 담당하고 있다'는 뜻이다. 편리한 표현이므로 외워두도록 한다.

불만 표현

113

지금 바로 대처하겠습니다.

✕ I'll do it as soon as possible.

이렇게 들린다 지금은 바쁘니까 나중에.

as soon as possible은 '시간이 나는 대로'라는 뜻이다. 그러니까 '지금은 바빠서 안 된다'는 말이 된다.

이렇게 말하자 **I'll do it right now.**

right now는 '즉시'라는 뜻이다.

뭔가 착오가 있었던 것 같네요.

✕ There's been a mistake.

이렇게 들린다 누군가가 실수했네요.

너무 직접적이다. 상황을 고려하여 좀 더 간접적으로 표현할 필요가 있다.

이렇게 말하자 **It seems there's been a mistake.**

It seems를 덧붙인다. 이렇게 말하면 '~가 있었던 것 같다'며 당혹스러워하는 느낌을 충분히 표현할 수 있다. 고객에게 사과할 때는 한국말로도 이처럼 간접적인 표현을 사용할 것이다.

고객으로부터 불만이 접수되었습니다.

✗ The customer is making a claim.

 고객이 뭔가를 주장하고 있어.

한국에서 자주 사용하는 '클레임'을 그대로 영어로 사용하면 뜻이 달라지므로 주의한다. 네이티브가 보통 사용하는 claim의 의미는 '주장', '요구'이다. 다른 말로 하면 insist on something 정도의 의미다.

The customer is complaining.

complain으로 써야 '불만을 말하다', '클레임을 걸다'는 뜻이 된다. 꼭 기억해 두자.

불 만 표 현

저희 제품에 약간의 문제가 있습니다.

✗ Our goods have some problems.

 저희들의 재화에 약간의 문제가 있습니다.

'제품'을 goods라고 하지는 않는다. 경제학 용어에 goods and services(재화와 서비스)라는 것이 있는데, 이렇게 표현하면 마치 경제학 강의라도 하고 있는 듯한 느낌을 준다.

Our products have some problems.

'제품'은 products라고 한다.

품질이 너무 안 좋아요.

✕ The quality is too bad.

 품질이 매우 유감스럽습니다.
여기서 too bad를 사용하면 뜻이 달라지므로 주의한다. ~is too bad는 '~는 매우 유감이다'는 뜻이다. 이렇게 말하면 품질이 나쁘다는 지적이 되지 않는다.

The quality isn't good enough.
직역하면 '품질이 충분히 좋지 않다'지만, 실제로는 '아주 나쁘다'는 뜻이다.

불만표현

이 새 복사기는 너무 비싸요.

✕ This new photocopy machine is so expensive.

 새 복사기는 너무 비싸서 말이야……
'너무 ~하다'라고 말하고 싶을 때 so를 사용하는 사람이 많을 것이다. 이는 '너무 ~해서 ~하다'이므로, 뒤에 이어지는 절이 있어야 한다. 예를 들면, This photocopy machine is so expensive that we will have to pay for it in installments.(그 복사기는 너무 비싸서 할부로 사야 할 것이다.)

This new photocopy machine is too expensive.
이 경우에는 too가 적절하다.

메일로 보내 주세요.

✗ I want you to send it to me by e-mail.

메일 제대로 보내야 해!
I want you to~는 명백한 명령조이다.

I need you to send it to me by e-mail.

이 경우에는 want가 아니라 need를 사용해 I need you to~라고 하는 것이 자연스럽다. Could you send it to me by e-mail?이라고 말하면 보다 정중한 비즈니스 영어가 된다.

메일에 답신했어요.

✗ I returned your e-mail

메일을 안 읽고 돌려보냈어요.(어쨌든 메일은 돌려보냈어요.)
우편으로 보내온 편지도 읽고 싶지 않으면 RETURN TO SENDER라고 써서 우체통에 넣으면 보낸 사람에게로 되돌아간다.

I answered your e-mail.

'답신했다'는 answered를 써야 한다.

존스 씨께   (항상 거래하고 있는 상대에게 보내는 메일에서)

✕ Dear Mr. Jones,

 담당자이신 존스 씨께

거리감이 느껴지는 인상을 준다. 몇 번이나 만난 적이 있는 상대라면 성이 아니라 이름으로 부른다.

Hi Bill,

비즈니스에서 사용하기에는 너무 캐주얼하지 않을까 생각할지도 모르지만, 아는 상대에게라면 이 표현이 훨씬 자연스럽다.

메일

메일 주소를 가르쳐 주세요.

✕ If you have an e-mail address, please let me know.

 메일을 사용하면 그렇다고 말을 해.

뜻이 완전히 달라진다. Yes, I have an e-mail address.(네, 메일을 사용하고 있어요)라는 대답이 돌아올 가능성이 높다.

Could you tell me your e-mail address, if you have one?

Could you tell me~?(~을 가르쳐 주세요)라는 표현을 써서 if절을 뒤로 보내면, 오해할 일은 없어진다.

메일의 글자가 깨져 있어요.

✘ I can't read e-mail.

 메일은 사용하지 않아요.
이렇게 말하면 메일을 못 읽겠다는 것이 아니라, 메일 자체를 쓰지 않는다는 뜻이 된다.

이렇게 말하자 **Your e-mail's garbled.**
'문자가 깨져 있다'는 garbled를 쓴다.

Something's wrong with the font and I can't read it.
'폰트가 이상해서 글자를 못 읽겠어요'라고도 말할 수 있다.

메
일

메일이 도착하지 않은 것 같은데요.

✘ I think I didn't receive your e-mail.

이렇게 들린다 아니, 메일 같은 거 안 받았어요.
think를 둔 위치가 잘못이다. I think I didn't로 표현하면 '받지 않았다'라는, 지나치게 강한 주장으로 들린다.

이렇게 말하자 **I don't think I received your e-mail.**
I don't think~를 쓰면, '~하지 않았다고 생각합니다만'이라고 부드럽게 지적하는 표현이 된다.

이 시간 후로 다른 일정이 있으세요?

✗ Do you have any plan after this?

 어떤 일정이라도 좋으니, 있으면 얘기해 주세요.
plan은 보다 구체적인 계획에 대해서 이야기할 때만 단수로 사용한다.

 Do you have any plans for later?
보통 예정을 물을 때는 plans라고 복수형을 사용한다는 점을 잊지 말자. 's' 하나 차이지만 네이티브에게는 전혀 다른 뜻으로 받아들여진다.

Do you have anything planned after this?
'이후에 뭔가 계획이 있어요?' 이 표현도 네이티브가 자주 사용한다.

식사 접대

파티에는 참석하세요?

✗ Are you going to attend to the party?

 파티를 거들거니?
attend to는 '(환자 등의) 수발을 들다', '간호하다'는 뜻이 있다. to 하나로 이렇게까지 뜻이 달라질 수 있으므로 주의한다.

 Are you going to attend the party?
to는 불필요하다. attend~로 '~에 참석하다'는 뜻이 된다.

일식과 양식, 어느 쪽이 좋으세요?

✕ **Which do you like, Japanese or Western food?**

이렇게 들린다
일식과 양식 중에서 어떤 게 좋고 어떤 게 싫니?

Which do you like, ~ or ~?라고 표현하면 '어느 쪽이 좋고, 어느 쪽이 싫어?' 하는 어린아이에게 묻는 표현으로 들리므로 비즈니스에서 사용하기에는 부적절하다.

이렇게 말하자
Which do you prefer, Japanese or Western food?

여기서는 Which do you prefer라는 표현이 좋다. 사용할 기회가 많기 때문에 외워두면 편리하다.

식사접대

못 먹는 음식 있으세요?

✕ **Do you have some food you can't eat?**

이렇게 들린다
못 먹는 음식을 뭔가 가져왔어?

'뭔가'라고 말하고 싶을 때 종종 쓰게 되는 것이 some이다. 하지만 이 상황에서 Do you have some~?이라고 말하면 '~은 가져왔어요?'라는 뜻이 된다. 이 말을 듣고 당황해하는 상대방의 얼굴이 떠오르는 듯하다.

이렇게 말하자
Is there anything you can't eat?

Is there anything~?(~은 뭐가 있어요?)이라고 말하면 자연스러운 질문이 된다.

코트를 보관해 둘게요.

✗ Let me have your coat.

이렇게 들린다 그 코트 나한테 줘.
편리한 단어지만 뭐든 have를 사용하는 버릇은 좋지 않다. 이렇게 표현하면 '당신 코트를 나한테 줘'라는 얼토당토않은 의미가 되어버린다.

이렇게 말하자 Let me take your coat (for you).

take를 사용하면 '맡아두겠다'는 뜻이 되므로 자연스럽다. 마지막에 for you를 첨가하면 더 좋은 문장이 된다. Let me get your coat (for you).라고 해도 된다.

식사접대

제가 낼게요.　　　　　　　　　　　　　　　　　(계산할 때)

✗ I'll pay the bill.

이렇게 들린다 내가 돈을 지불해 줄게.
고객이나 거래처 사람에게 이 말을 하는 경우에는 가능한 pay라는 직접적인 표현은 사용하지 않는 편이 좋다.

이렇게 말하자 Let me get this.

pay라는 말을 쓰지 않아도 이렇게 말하면 충분하다. 교양이 있는 어른이 쓰는 표현이다. It's on me. I insist.(여기는 제가. 그렇게 하게 해 주세요.)도 괜찮다.

조심해서 가세요.

✖ Take care of yourself.

이렇게 들린다 언제까지나 건강하세요.

이 표현은 더 긴 이별을 할 때 사용하는 것이 일반적이다. 예를 들면, 시골에서 도시로 취직해서 가는 딸에게 부모가 걱정스러운 얼굴로 Take care of yourself.(몸 조심하거라.)라고 말한다.

이렇게 말하자 ### Take care.

of yourself는 불필요하다. 운전해서 돌아가는 사람이라면 Drive carefully.라고 말해도 좋다.

Have a nice flight/trip.

해외나 먼 곳에서 온 사람에게는 이렇게 말한다.

한국에 오시면 제가 여기저기 안내해 드릴게요.

✖ When you come to Korea, I'll take you somewhere.

이렇게 들린다 한국에 오시면 제가 어딘가 적당하게 데리고 갈게요.

somewhere를 사용한다면 somewhere fun(어딘가 즐거운 곳), somewhere interesting(어딘가 재미있는 곳)처럼 사용해야 한다.

이렇게 말하자 ### When you come to Korea, I'll take you around.

take someone around로 '여기저기 안내하다'는 뜻이 된다.

공이 슬라이스되어 숲으로 들어갔어요.

✗ The ball sliced and went into the wood.

 공이 슬라이스되어 목재에 박혔어요.
wood라고 단수로 말하면 '숲'이라는 뜻이 되지 않는다. 단순히 목
재라는 뜻이다.

 The ball sliced and went into the woods.
woods라고 복수형으로 써야 숲이라는 의미가 된다.

바람이 역풍이에요.

✗ The wind is against me.

 바람은 내 적이다.
be against+(사람)은 '~에 대항하다', '~에 반대하다'는 뜻이다.

 The wind is blowing against me.
blowing '불고 있다'는 단어를 쓴다.

There's a headwind.
이 문장은 상용구이다. 통째로 외워두자. headwind는 '맞바람'이라는 뜻.

주말에 골프 하러 가지 않으실래요?

✗ Would you like to go to golf on the weekend?

 골프라는 동네에 가지 않으실래요?
go to golf라고 하면 golf가 지명으로 들리므로 부자연스럽다.

 Would you like to go golfing on the weekend?
'골프를 하러 가다'는 go golfing이라고 말해야 한다.

함께 골프를 즐기고 싶군요.

✗ I'd like to enjoy golfing with you.

 당신과의 골프가 즐거우면 좋겠지만.
이 표현은 '당신과 골프를 쳐서 즐거웠던 적이 없다'고 말하는 듯
하다.

 I'd like to go golfing with you.
enjoy가 아니라 go를 쓴다. 이 표현으로 충분히 '즐기고 싶다'는
의도가 전해진다.

스코어는?

✗ **What is score?**

 스코어라는 게 뭐야?

'스코어'의 뜻을 모르는 사람 같다. 이런 표현을 쓰면 우스워 보일 것이다.

 What's the score?

여기서는 관사 the가 중요하다.

What's your score?

이렇게 물어도 좋다.

나이스 샷! 그린에 올랐어요.

✗ **Good shot! You are green!**

 나이스 샷! 정말 못하네.

green에는 '경험이 부족한', '미숙한'이라는 뜻이 있으므로, 이렇게 말하면 '못 한다'고 말하는 것처럼 들린다.

 Good shot! You're on the green.

전치사 on을 잊지 말자.

PART II

틀리면 낭패!
네이티브식 비즈니스 매너

- '다녀오세요', '다녀오셨어요'에 해당하는 영어는
  존재하지 않는다.

- '한 잔 합시다'라는 술자리 커뮤니케이션이
  네이티브에게는 통하지 않는다.

- '캐주얼한 복장'이라고 해도 티셔츠에 청바지는 실례가 된다.

- '~하는 편이 좋아요'라고 조언하기 위해
  You'd better를 사용하면, 상대방은 흠칫 놀랄 것이다.

이런 한국어, 네이티브는 이렇게 말한다 ①

안녕하세요! / 수고하셨습니다!

한국 직장에서의 아침 풍경을 생각해 보자. 직원들은 '안녕하세요' 라는 인사말을 건네며 출근한다. 또 퇴근시간이 되면 '먼저 가보겠습니다', '수고하셨습니다' 하는 소리가 들린다.

이것은 보통 직장에서 나누는 인사말들이다. 하지만 이 같은 한국식 인사들은 영어에는 사실상 존재하지 않는다. 네이티브는 그때 그때의 상황에 맞추어 인사를 한다.

예를 들면, 출근할 때는

Good morning. (좋은 아침입니다.)

Hi. (안녕.)

How are you doing today? (잘 지내?)

How's it going? (잘 돼가고 있어?)

How ya doing? (잘 지내?)

등과 같이 일반적인 인사를 한다. 친근감을 갖고 활기차게 사용해 보도록 하자.

대답을 할 때는

Not bad. (좋아.)

Pretty good. (좋아.)

Excellent. (아주 좋아.)

Couldn't be better. (아주 좋아.)

Okay, I guess. (그냥, 괜찮아.)

월요일 아침이라면 다음과 같은 표현이 적절하다.

How was your weekend? (주말 어땠어?)

Did you have a good weekend? (주말은 즐거웠어?)

It's Monday again. (또 한 주일의 시작이야.)

Another Monday. (일주일이 시작됐어.)

퇴근할 때의 인사말들은 다음과 같다.

Have a nice evening. (푹 쉬어.)

See you tomorrow. (내일 봐.)

I'll see you tomorrow. (내일 봐.)

Drive safely. (갈 때 운전 조심해.)

Take care. (조심해서 가.)

금요일이라면 Have a nice weekend.(좋은 주말 보내.)라는 인사를 건네는 것도 자연스럽다.

퇴근할 때, 아직 일하느라 남아 있는 사람에게 '먼저 가보겠습니다' 라는 인사를 건네고 싶겠지만, 영어로 표현하기에는 부자연스럽다. 대부분의 경우에는 위에서 나온 See you tomorrow.와 같은 일반적인 인사면 충분한데, 다른 몇 가지 인사도 알아두면 편리하다.

예를 들면, 아직 잔업을 하느라 남아 있는 사람에게 인사말을 건네고 싶다면,

Don't work too hard. (너무 무리하지 마.)

Take it easy. (쉬엄쉬엄 해.)

Don't overdo it. (쉬엄쉬엄 해.)

등과 같이 배려하는 마음으로 인사말을 건네보자.

그러면 '수고하라' 는 말은 어떻게 해야 할까?

늦게까지 잔업을 하고 있는 부하직원에게는

Thanks for your hard work. (정말 수고가 많네.)

I appreciate your hard work. (열심히 일해 줘서 고맙네.)

잔업을 끝내고 돌아가는 동료에게는

You deserve a rest. (좀 쉬게.)

I bet you'll sleep well tonight. (오늘 밤엔 잠이 잘 올 거야.)

라는 인사말이 적절하다. 한국어로 번역하면 좀 어색하게 느껴질지도 모르지만, 영어에서는 매우 자연스러운 표현들이니 주저할 것 없이 써도 된다.

영어에서는 똑같은 인사말을 하지 않도록 주의한다. 상대방과는 다른 표현을 써서 반응하는 것이 네이티브식이다. 예를 들면, 상대방이 Hello.라며 인사를 한 경우에는 Hi.로 답한다. 반대로 상대방이 Hi.로 인사를 했다면, Hello.라고 말하는 게 자연스럽다. 인사말은 약간의 궁리가 필요하다. 상대방과 똑같은 인사말을 사용하면 네이티브에게는 부자연스럽게 느껴진다.

이런 한국어, 네이티브는 이렇게 말한다 ②

다녀오세요! / 다녀오셨어요!

영업 등으로 외근을 나가는 사람이나 외출하는 사람에게 한국인들은 보통 '다녀오세요!', '다녀오셨어요!'라는 인사말을 건네지만, 영어에는 이에 해당하는 말이 없다. 상대방과 상황을 고려한 표현을 스스로 생각해 보자.

중요한 상담을 하러 가는 사람에게는
Good luck! (행운을 빌게.)

차를 운전할 사람에게는
Drive carefully. (운전 조심해.)

금방 돌아올 사람에게는
See you soon. (잠시 후에 봐.)
Later. (나중에 봐.)

상담을 끝내고 돌아온 사람에게는
How did it go? (잘 됐어?)
Did everything go okay? (순조롭게 해결됐어?)
How does it look? (어떻게 됐어?)

중요한 일을 처리하고 돌아온 사람에게는

Good job. (잘 했어.)

You did it! (수고했어.)

I knew you could do it. (너라면 할 수 있을 거라고 생각했어.)

출장에서 돌아온 사람에게는

How was your trip? (출장은 어땠어?)

How was your flight? (비행기 여행은 어땠어?)

Did everything go okay? (다 잘 된 거야?)

라고 인사를 건넨다.

그리고 한국에서는 어색하게 느껴질지 모르지만, 네이티브들은 일반적으로 직장에서 서로의 이름을 부른다. 사장, 부장, 과장 등도 상대를 직명으로 부르는 일은 거의 없다. 한국의 직장에서는 인간관계도 '정중하고 예의바른 태도'가 중요하지만, 미국을 비롯한 서구사회에서는 '친근감'이 더 중요하게 여겨진다. 인사도 How are you? I'm fine, thank you.처럼 교과서적인 문구는 사용하지 않는다.

또 미국에서는 같은 상대라도 하루에 몇 번이고 인사를 하는 것이 보통이다. 한국처럼 아침에 인사하고 퇴근할 때까지 얼굴을 몇 번이나 마주쳐도 아무 말도 하지 않으면, '기분이 안 좋은가?', '뭐 화난 일이 있나?', '저 사람을 화나게 한 적은 없는데, 왜 그러지?' 하는 느낌을 주며, 이상하게 보이기 십상이다.

이런 이야기를 들으면 무척 어렵게 느껴지겠지만, 그렇게 복잡한 것도 아니다. 미소를 짓거나 가볍게 고개를 숙이거나 한 손을 들어 올리는 것만으로도 충분하다. 이러한 아주 사소한 것들을 통해 네이티브와의 인간관계는 훨씬 부드러워지기 시작한다.

한국과 완전히 다른 술자리 문화

네이티브가 술을 대하는 마인드

한국은 술에 관대한 사회라고 할 수 있다. 함께 술을 마심으로써 개인적인 관계를 구축하고 신뢰감을 쌓을 수 있다며, 술자리를 긍정적으로 보는 사람들도 많다.

그러나 서구국가들에서는 동료나 상사, 또는 부하직원들과 술자리를 통해 인간관계를 쌓는 습관이 없다. 그래서 한국인에게는 너무나 익숙한 번화가에 무리지어 있는 술에 취한 직장인들도 처음 한국에 온 외국인에게는 낯선 한국문화로만 보인다.

미국 등에서는 술에 취해 지하철역이나 길에서 잠들어 있는 것은 차치하고라도, 술자리에서 상대방이 당황할 만한 개인적인 질문을 쏟아붓는 것도 상상할 수 없다. 이런 행동을 하면 자기통제가 되지 않는 허술한 사람으로 금세 낙인이 찍힐 것이다.

이처럼 네이티브는 사람들 앞에서 술에 취하는 것은 예의가 아니라고 생각한다. 술자리에서 일어난 일을 어느 정도 관대하게 받아들이는 것은 한국이니까 가능하다는 점을 잊지 말자.

다만 비즈니스에서는 일의 성공을 축하하는 자리나 환영회, 송별회 등 술을 마시는 기회도 생긴다. 그럴 때는 문화의 차이를 명심하고 기분좋은 시간을 보낼 수 있도록 마음을 쓰자.

★ 술을 마시자고 권유할 때

We're having a party to celebrate the completion of the project.

(프로젝트를 끝낸 기념으로 파티를 할 건데 오시지 않을래요?)

How about a drink after work tonight?

(오늘밤에 일 끝내고 한 잔 어때?)

Any plans tonight? If not, how about getting a drink?

(오늘 밤에 약속 있어? 없으면 가볍게 한 잔 어때?)

We're having a send-off party for Smith tomorrow.

(내일 스미스 송별회가 있을 예정이야.)

이처럼 가능하면 강요하는 느낌을 주지 않도록 말한다.

또한 개중에는 술을 마시지 못하거나 술을 마시지 않는 사람도 있을
것이다. 그럴 때는 다음과 같이 말해 본다.

They have both alcohol and soft drinks.

(술과 음료수 둘 다 준비되어 있어.)

Please help yourself to the drinks. We have all kinds.

(좋아하는 것을 마셔. 거기에는 여러 음료수가 준비되어 있어.)

You can order drinks or soft drinks.

(술 이외에도 뭐든 주문할 수 있어.)

술을 마시지 않는 이유는 신념, 건강상의 이유, 종교적 문제 등 다양하
며 프라이버시이므로 무리하게 이유를 묻지 않도록 주의한다.

★ 술에 관한 다양한 표현

I'm not much of a drinker.

(술을 잘 못 마셔요.)

My doctor told me not to drink.

(의사가 술을 못 마시게 해서요.)

I can't drink. Doctor's orders.

(못 마셔요. 의사 권고가 있어서요.)

I only drink a little.

(술은 맛만 보는 정도예요.)

He's a big drinker.

(그는 술고래예요.)

한국에서는 누군가의 잔이 비면 바로 술을 따라주는 것이 술자리 매너이다. 마시지 않으면 흥이 떨어지지는 않을까 하는 마음에 자꾸 마시게 되고, 그러다보면 과음을 하게 된다.

그러나 이런 분위기는 네이티브에게 술을 강요하는 듯한 느낌을 준다. 술은 자신이 마실 수 있는 만큼 마시는 것이지, 다른 사람이 참견할 문제가 아니라는 것이 네이티브들의 생각이다.

I'll drink at my own pace.

(마실 수 있는 만큼만 마실게.)

I'll pour for myself.

(직접 따라 마실게.)

때로는 술자리를 거절하지 않으면 안 될 때도 있다. 그럴 때는 상대방의 마음이 상하지 않도록 이런 표현을 기억해 두면 편리하다.

★ 술자리를 거절할 때

I'm not feeling very well.

(오늘은 몸이 안 좋아.)

I'm afraid I already have an appointment tonight.

(하필이면 오늘 선약이 있어.)

I'll take you up on that next time.

(다음에 꼭 같이 하자.)

I'll take a rain check.

(다음에 꼭 다시 불러줘.)

　* rain check은 '다음 기회'라는 뜻.

네이티브의 파티 매너

네이티브와의 만남에서는 파티에 참석할 일이 반드시 생긴다. 홈 파티가 있는가 하면, 레스토랑을 빌려서 벌이는 파티도 있다. 네이티브라면 당연하게 여기는 파티에서의 상식을 알아보기로 하자.

★ 드레스 코드(복장)

한국인에게는 익숙하지 않을 수도 있지만, 레스토랑이나 호텔 등에서는 '드레스 코드'가 명시되어 있는 경우가 많다. 미국에서는 홈 파티에서도 초대장에 드레스 코드가 기입된 경우가 있다.

Please dress casually.(캐주얼한 복장으로 참석해 주세요.)라고 쓰여 있어서 티셔츠에 청바지, 맨발에 샌들을 신고 가보니 다른 남자들은 정장차림이더라는 황당한 사연을 들은 적이 있다. 그때의 참담한 심정을 생각하면 '안 됐다' 고밖에는 달리 할 말이 없다. '캐주얼한 복장' 과 '러프한 복장' 은 분명히 다르다. 네이티브가 말하는 캐주얼이란 '비즈니스 캐주얼' 을 말한다.

간단한 드레스 코드는 다음과 같다.

【캐주얼】

　남성/ 깃이 있는 셔츠, 바지

　여성/ 블라우스, 스커트 등

【인포멀/ 세미포멀】

　남성/ 정장, 재킷 등에 넥타이

　여성/ 원피스나 블라우스, 스커트 등

【포멀】

　남성/ 어두운 색 정장(dark suit), 턱시도 등

　여성/ 드레시한 정장, 칵테일드레스, 이브닝드레스, 한복 등

무엇을 입어야 할지 난감할 때는 네이티브에게 솔직하게 물어보는 것이 가장 좋다.

　몇 가지 표현을 참고로 알아두기 바란다.

What should I wear to the party?

(파티에는 뭘 입고 가면 좋을까?)

What's the appropriate dress for the 20th Anniversary Party?

(창립 20주년 파티에는 뭘 입고 가면 좋을까?)

Is there a dress code for tomorrow's party?

(내일 파티는 드레스코드가 있어?)

Do I need to wear a necktie?

(넥타이 매고 가는 게 좋을까?)

★ 건배

　한국인은 기본적으로 잔을 들고 다 같이 건배를 하면서 모임을 시작한다. 그리고 주최자의 인사말이 없으면 파티가 시작되었다고 생각하지 않는 게 보통이다.

　그러나 네이티브의 파티에서는 아무리 기다려도 시작될 낌새가 보이지 않을 때가 있다. 그리고 주변을 돌아보면 모두들 샴페인이나 맥주를 이미 마시고 있다. 아무런 시작 사인도 없이 말이다. 이처럼 캐주얼한

파티에서는 건배나 인사말이 없는 경우가 흔하다.

네이티브의 파티는 자연스럽게 시작해서 자연스럽게 끝나는 경우가 많다. 예를 들면, '시간: 4시부터 7시까지'라고 쓰여 있다고 해도 4시에 도착해서 7시까지 있어야 한다는 뜻은 아니다. 빨리 가서 끝날 때까지 있으면, 오히려 '정말 시간이 많나보네!' 하는 쓸데없는 오해를 살 수도 있다.

네이티브에게 파티는 자기 나름대로 가벼운 마음으로 즐기는 여유의 시간을 의미한다.

★ 가족을 소개한다

네이티브 가족과 동료, 상사가 만나게 된 자리에서 자신에게 가까운 사람, 즉 가족부터 소개를 시작하는 것이 일반적이다. 이 때 겸손하게 보이려고 자신의 가족을 너무 낮추어서 소개하지 않도록 조심해야 할 것이다.

My wife does volunteer work at a nursing home for the elderly.
(제 아내는 노인보호센터에서 자원봉사를 하고 있습니다.)

My daughter loves playing tennis.
(제 딸은 테니스를 좋아해요.)

My son says he wants to be an astronaut.
(제 아들의 장래 희망은 우주비행사예요.)

★ 명함을 내민다

한국의 회사원들은 파티라 하더라도 처음 만난 사람에게 자신의 명함을 내미는 것이 일반적이며, 받는 사람도 그것을 당연하게 받아들인다.

그러나 네이티브에게는 똑같이 행동하지 않도록 조심하자. 우연히 만나 이야기가 잘 통하고 서로의 비즈니스에 대해서도 자연스럽게 흥미를 가지게 되었다고 해서 명함을 내밀어서는 안 된다. 아무에게나 명함을 주면 '이 사람이 참석한 목적은 순전히 비즈니스 때문'이라는 의심을 받게 될 수도 있다.

★ 파티의 중간에 자리를 뜬다
즐거운 파티라도 부득이한 사정이 생겨서 중간에 돌아가야 할 일이 생기기도 한다. 그럴 때 호스트의 기분을 해치지 않도록 인사에 신경을 쓰도록 하자.

Thank you for inviting me.

(오늘은 초대해 주셔서 정말 감사합니다.)

I'm having a great time, but I have to go and get some things done.

(좀 더 여러분들과 즐기고 싶지만, 꼭 해야 할 일이 있어서 먼저 실례하겠습니다.)

I'm afraid I have to be going now.

(아쉽지만 오늘은 먼저 실례하겠습니다.)

★ 작별인사
파티가 끝날 때는 좀 더 의미 있는 말을 건네면 좋을 것이다.

The food was delicious and I had a wonderful time.

(식사도 맛있었고 마음껏 즐겼어요.)

It was a wonderful party. I'll never forget it.

(정말 훌륭한 파티였어요. 좋은 추억이 될 거예요.)

I had a great time today. Please come and visit me sometime.

(오늘은 정말 즐거웠어요. 다음번엔 꼭 저희 집에도 방문해 주세요.)

I look forward to getting together with you again.

(또 뵙기를 고대하겠어요.)

그 영어,
네이티브의 기분을 상하게 만든다

얼핏 아무런 문제도 없어 보이는데 네이티브에게는 거슬리는 표현들이 있다. 그 중 몇 가지 대표적인 예를 들어보겠다. 알게 모르게 사용하고 있지는 않은지 확인해 보자. 이렇게 말하는 상사는 분명히 부하직원들이 싫어할 것이다.

You'd better~.

× You'd better come on time.

　제시간에 오는 게 신상에 좋을 거야.

'~하는 편이 좋을 거예요' 라고 조언을 하려는 생각에서 You'd better~라고 말하면 '~하지 않으면 안 돼. 안 그러면……' 하는 느낌의 윽박지르는 듯한 표현이 되어버린다.

적절한 표현은 다음과 같다.

◎ Let's try to be on time.

　(늦지 않게 오도록 하세.)

또는 문두에 Maybe를 넣으면 표현이 부드러워진다.

◎ Maybe you'd better come on time.

　(늦지 않게 와야 하네.)

Don't you know~?

× Don't you know how to use Excel?

엑셀을 어떻게 사용하는지도 모른단 말이야? 농담이겠지?

Don't you know~?라고 말하면 '~도 모른다고?'하며 상대방을 무시하는 듯한 인상을 준다. 이런 둔감하고 유치한 표현은 피하도록 하자.

적절한 표현은 다음과 같다.

◎ Do you know how to use Excel?

(엑셀 사용법 알아요?)

◎ Are you familiar with Excel?

(엑셀 사용법을 잘 알아요?)

Are you ~ or not?

× Are you coming or not?

와, 못 와? 어느 쪽인 거야?

짜증을 내면서 강한 어조로 상대방에게 대답을 재촉하는 것 같다. 마지막에 or not을 없애기만 하면 이런 느낌은 사라진다.

◎ Are you coming?

(옵니까?)

간단하지만, 이것으로 충분하다.

Didn't I tell you~?

× Didn't I tell you to call me before you leave?

나가기 전에 전화하라고 했잖아!

Didn't I tell you~?는 '~하라고 했잖아!', '~하라고 그렇게 말했는데 말이야!' 하며 일방적으로 야단을 치는 듯한 느낌을 준다.

좀 더 부드럽게 말하고 싶다면 다음과 같이 말한다.

◎ Did I tell you to call me before you leave?

(나가기 전에 전화하라는 말 얘기했지?)

be willing to~.

× I'm willing to help you.

기쁘게 도와줄게, 그 대신에······.

be willing to~는 조건을 달고 무언가를 해 준다고 할 때 사용하는 표현으로, 그 뒤에는 '만약에 ~해 주면'이라는 if절이 연결되는 경우가 많다. 이렇게 말하면 네이티브는 '뭔가 조건이 있군!' 하고 오해하게 되므로 진심으로 기뻐할 수 없게 된다.

적절한 표현은 다음과 같다.

◎ I'd be happy to help you.

(기쁜 마음으로 도와드릴게요.)

I expect you to~.

× I expect you to study harder.

공부를 더 열심히 하지 않으면 안 되잖아!

I expected you to~는 '너는 더 ~하지 않으면 힘들어', '더 ~하지 않으면 안 돼' 라는 뜻으로 위압적인 느낌의 나쁜 표현이다.

보다 부드럽게 충고해 주고 싶다면 다음 문장을 사용한다.

◎ I think you should study harder.

(공부를 더 열심히 해야 할 거야.)

◎ Maybe you should study harder.

(공부를 더 열심히 해야 하지 않을까.)

회사를 방문할 때 주의해야 할 상식과 비상식

네이티브와의 거래에서도 사회인으로서 상식 있는 행동을 하면 거의 문제는 없다. 하지만 방문한 회사가 외국계이거나 담당자가 미국인 등 외국인인 경우에는 아무래도 보통 때와는 다른 신경을 써야 할 일이 생긴다. 다음과 같은 표현을 기억해 두면 실패도 적을 것이다.

★ 안내 데스크에서

I'd like to speak with Mr. Smith.

(스미스 씨를 만나고 싶은데요.)

I have an appointment with Mr. Jones of the PR department at 3:00.

(3시에 홍보부의 존스 씨와 약속이 있어요.)

I have an appointment with Mr. Smith of the planning department.

(기획부의 스미스 씨와 약속이 있어요.)

Is Mr. Smith available?

(스미스 씨를 뵐 수 있을까요?)

★ 자기소개

Nice to meet you.

(처음 뵙겠습니다.)

I'm Paul of the HR department at ABC.

(저는 ABC기업의 인력개발부에서 근무하는 폴이라고 합니다.)

I mainly help employees being sent overseas.

(주로 직원의 해외파견을 담당하고 있어요.)

단순히 부서명만을 알리는 것이 아니라, 이처럼 구체적인 업무내용까지 밝히는 것이 좋다.

또한 다음과 같은 말을 덧붙인다면 더 할 나위 없을 것이다.

- Thank you for taking the time to see me today.
- I know you're busy, so thank you for your time.

   (오늘은 시간을 내 주셔서 감사합니다.)

- I've heard all about you.
- I've heard so much about you.

   (말씀을 많이 들었습니다.)

★ 동행한 상사를 소개한다

상대방에게 같은 조직의 상사나 동료를 소개할 때, 성에 아무 것도 붙이지 않고 소개한다면 당사자들은 굴욕감을 느낄 수도 있다. 누군가에게 네이티브를 소개할 때는 풀네임이나 칭호를 붙이는 것이 일반적이다.

◎ This is Bill Johnson, the director of the accounting section.

◎ This is Mr. Johnson, the director of the accounting section.

   (회계부장인 존슨입니다.)

★ 악수

한국인에게 악수는 인사의 일종이다. 전화를 하면서도 보이지 않는 상대를 향해 허리 굽혀서 인사하는 광경도 종종 목격된다.

그러나 악수가 단순한 인사 이상의 의미가 있는 나라도 있다. 그들에게 악수는 서로에게 적의가 없음을 뜻한다.

악수를 하면서 머리를 몇 번이고 숙이는 한국 사람들이 있지만, 네이티브에게 이는 좋은 습관이 아니다. 상대방의 눈을 보고 악수하는 것이 중요하다. 악수할 때는 성의를 다해서 상대방의 손을 꼭 잡도록 하자. 네이티브의 경우, 손윗사람이 아랫사람에게 먼저 손을 내민다는 것도 잊지 말자.

★ 명함 교환

한국의 비즈니스 서적을 보면 '명함은 또 하나의 얼굴'이라고 할 정도로 중요한 것'이라며, 교환순서와 취급방법 등이 자세하게 나와 있다.

그러나 네이티브에게 명함은 단지 네임카드에 지나지 않는다. 읽는 법을 메모하거나 때로는 반으로 접어서 주머니에 집어넣기도 한다.

한국의 비즈니스맨에게는 무례한 행동으로 보일지도 모른다. 하지만 이것은 상대를 가볍게 보아서가 아니며, 회사를 과소평가하고 있는 것도 아니다. 이는 단순한 문화의 차이에 불과한 것이다.

비즈니스에서 자주 사용되는 여러 표현들

"여러 가지로 신세가 많습니다."

이 말은 한국에서는 비즈니스에서 뿐만 아니라, 여러 상황에서 사용되는 편리한 말이다. 하지만 이에 해당하는 영어는 없다. 상대나 상황에 따라 그때 그때 적절한 표현을 사용하도록 한다.

'잘 부탁드리겠습니다' 는 표현 역시 영어에는 꼭 부합되는 문장이 없다. 상황을 구별해 사용할 필요가 있다.

- I look forward to working with you.
- I look forward to being your neighbor.
  (앞으로도 잘 부탁드려요.)

- I know I can count on you.
- I know you're going to do a good job.
  (이번에 잘 부탁드려요.)

- Please watch over him.
- Please give him a hand, if he needs it.
  (이 사람을 잘 부탁드리겠습니다.)

- I know I can count on your help on this project.
- I'd really appreciate your help on this project.
  (이 프로젝트 잘 부탁드립니다.)

네이티브 샐러리맨들이 자주 쓰는 표현 120

다음 표현들을 영어로 몇 개나 알고 있는가?

- 수포로 돌아가다
- 적재적소
- 두각을 나타내다
- 부딪쳐보다
- 백지화하다
- 성급한 결정
- 예정을 앞당기다
- 도가 지나치다

- 천정부지로 치솟다
- 한판 승부에 나서다
- 약점을 잡아 이용하다
- 철야 근무
- 마구잡이로
- 역효과를 내다
- 접대 골프
- 눈감으면 코 베어가는

천정부지로 치솟다

skyrocket

After we announced our new product, our stock skyrocketed.
신제품 발표 후에 주식이 천정부지로 치솟았다.

skyrocket은 '비약적으로 상승하다', '한 번에 가격이 대폭 오르다'라는 뜻이다.

한판 승부에 나서다

go for broke

Let's go for broke and invest everything we have.
지금 있는 모든 돈을 투자해 한판 승부를 걸자.

go for broke란 도박 등에서 있는 돈을 몽땅 걸어 승부에 나서는 것을 말한다. 비즈니스에서 사용하는 '한판 승부'도 이 말을 쓰면 된다.

사운(社運)

the future of the company

The future of the company depends on the success of this project.
이 프로젝트에 우리의 사운이 걸려 있다.

사운이란 다른 말로 하면 '회사의 미래'이므로 이렇게 표현한다.

유급 휴가

paid vacation

I don't have any paid vacation left.
쓸 수 있는 유급 휴가가 남아 있지 않아요.

직역하면 '급료가 지불되는 휴일'이다. We get two weeks of paid vacation a year.(1년에 2주간의 유급 휴가가 있어요.)

(달력의) 빨간 날은 다 쉰다

take all official holidays off

We take all official holidays off.
휴일은 달력대로입니다.

official holiday는 '정식으로 정해져 있는 휴일'이라는 뜻이다.

약점을 잡아 이용하다

take advantage of(someone's weakness)

I thoght he was my partner, but he took advantage of me.
파트너라고 생각했는데, 그에게 이용당했다.

관용표현으로 see someone's clay feet(직역하면 '누군가의 발밑을 보다')도 '약점을 이용하다'라는 뜻이다. Make sure he doesn't see your clay feet.(그에게 약점 잡히지 않도록 해.)

부딪쳐보다

give someone a try

They might be interested. Why don't you give them a try?
그들은 흥미를 가질지도 몰라. 한 번 부딪쳐보지 그래?

상대가 한 사람(남성)이라면 give him a try, 여성이라면 give her a try라고 한다.

뒷돈

dirty money

He used dirty money to bribe the politician.
그는 정치가를 매수하기 위해 뒷돈을 썼다.

backroom money도 같은 뜻으로 자주 사용되는 표현이다.

(못이기는 척) 받아들이다

take someone up on(an invitation)

I've decided to take you up on your offer.
염치없지만 그렇게 하기로 했습니다.

비슷한 표현으로는 I'll let you spoil me.도 있다.

아무리 그래도 그렇지

with all due respect

With all due respect, the price is far too high.
아무리 그래도 그렇지, 그 가격은 너무 높습니다.

잘 부탁드립니다.

don't be too hard on someone

Don't be too hard on me. This is my first big contract.
잘 부탁드려요. 저에게는 첫 번째 대형 계약이거든요.

hard는 '험하다'는 뜻.

직함

title

Titles are important in Korean companies.
한국 기업에서는 직함이 무척 중요합니다.

title on one's shoulder도 네이티브가 흔히 쓰는 표현이다. He wants to
wear his title on his shoulder.(그는 직함을 원하는 거야.)

조만간에

sometime soon

I'll get a report ready sometime soon.
조만간에 보고서를 준비하겠습니다.

'가능하면 가까운 시일 내에'라는 뜻이므로, sometime soon이 가장 적절하다.

긴급한 용건

an urgent matter of business

I need to cancel the meeting due to an urgent matter of business.
긴급한 용건으로 회의를 취소합니다.

'긴급한 용건', '긴급한 일'이라는 뜻.

철야 근무

work all night

I'm going to have to work all night to finish this proposal.
기획서를 끝내기 위해서는 철야를 해야 해.

말 그대로 '밤새 일하다'라고 표현한다.

마구잡이로

haphazard

You're too haphazard. Haphazard projects never succeed.
너는 언제나 마구잡이로 일하지. 그런 마구잡이 기획은 성공할 리가 없어.

haphazard는 '마구잡이로', '무계획의'라는 뜻이다.

(계획이) 틀어지다, 어긋나다

get out of whack

How did this project get out of whack?
이 프로젝트가 어디서부터 틀어진 거지?

get out of whack은 '상황이 나빠지다', '안 좋아지다'라는 뜻이다. '틀어지다'를 영어로 하면 이 말이 꼭 맞다. whack은 이 숙어 이외에서는 거의 사용되지 않는 단어이다.

귀사 예정 시간

return time

He didn't write down a return time on the whiteboard when he left.
그는 화이트보드에 귀사 예정 시간을 안 적어놓았어.

그대로 '돌아오는 시간'으로 직역하면 된다.

예상과 정반대의 나쁜 결과가 나오다

backfire

My plan to get the president's approval backfired.
사장의 승인을 얻으려고 한 계획이 예상과 달리 나쁜 결과를 냈다.

backfire는 원래 '내연 기관의 역화'라는 뜻이다.

성급한 결정

snap decision

This problem is the result of your snap decision.
이 문제는 당신의 성급한 결정 때문에 일어난 일이다.

snap은 '즉석의'라는 뜻이다.

호되게 야단맞다

be called onto the carpet

My boss called me onto the carpet for a simple accounting mistake.
단순한 회계 실수로 사장에게 호되게 야단맞았다.

직역하면 '양탄자 위로 불리다'이다. 양탄자가 깔린 상사의 사무실에서
꾸지람을 듣는다는 이미지에서 비롯된 것.

역효과를 내다

have the opposite effect

His speech had the opposite effect of what he wanted.
그의 스피치는 역효과를 냈다.

말 그대로 '반대의 효과'라고 표현하면 된다.

마감

deadline

When's the deadline for this project?
이 프로젝트 기한이 언제까지예요?

'마감일', '기한' 등을 뜻한다.

책임을 전가하다

pass the buck

I don't want you to pass the buck. This is your responsibility.
책임을 전가하지 마. 이건 네 책임이야.

buck은 포커에서 다음에 카드를 돌리는 사람 앞에 놓는 패를 말한다. '다른 사람에게 미룬다'는 의미에서 나온 표현이다.

도가 지나치다

go too far

You need to be creative, but you're going too far.
창의적인 것은 좋지만, 너는 도가 지나쳐.

직역하면 '너무 멀리 간다'는 뜻이다.

현지 퇴근하다

go straight home

I'm planning to go straight home from the client's.
거래처에서 바로 퇴근할 예정입니다.

'외출한 곳에서 회사로 돌아오지 않고 곧장 퇴근하는 것'을 말한다.

재능이 아깝다

waste of talent

John is a waste of talent in accounting.
경리부에서 일하기에 존은 재능이 너무 아까워.

관용적으로 '돼지 목에 진주'라는 의미로 쓰인다.

접대

entertain

We spend a lot of money on entertaining potential clients.
고객이 될 것 같은 상대를 접대하는 데 많은 돈을 씁니다.

'접대'는 그대로 entertain이라고 한다.

접대 골프

golfing with clients

I like to go golfing with my friends, but I don't like golfing with clients.
친구와의 골프는 좋지만, 접대 골프는 별로 안 좋아해.

'고객과 골프를 하다'로 직역하면 된다.

순조롭게 진행되다

be on the right track

We still have a long ways to go, but I think we're on the right track.
아직 갈 길이 멀지만, 잘 진행되고 있는 거 같아.

직역하면 '바른 노선에 있다'이다.

일정을 앞당기다

move ahead

Let's move the meeting ahead by three days.
회의를 3일 앞당깁시다.

'앞으로 움직이다'로 표현하면 '앞당기다'는 의미를 표현할 수 있다.

말을 맞추다

get one's stories straight

Let's get our stories straight before the meeting.
회의 전에 말을 맞추어둡시다.

직역하면 '이야기가 같은 방향으로 가도록 하다'이다. '말을 맞추다'를 영어로는 이렇게 표현한다.

장담하다

vouch for

Bill is an honest man. I can vouch for him.
빌은 성실한 사람이에요. 제가 장담할 수 있어요.

vouch는 '보증하다'는 뜻이다. vouch for~는 '~에 대해서 장담하다'는 의미가 된다.

허둥대다, 초조해하다

get panicky

We only have two days, so I'm starting to get panicky.
이틀밖에 안 남아서 허둥대기 시작했어.

get panicky는 '당황하다'는 뜻이다.

정탐하다

probe into

We need to probe into what our competitor is doing.
라이벌 기업의 움직임을 정탐해 보자.

probe into~는 '~을 정탐하다', '~을 은밀하게 조사하다'는 뜻이다.

수포로 돌아가다

fizzle out

We had a big plan, but it fizzled out.
큰 계획이 있었지만, 수포로 돌아갔다.

fizzle은 '그르치다', '실패하다'는 뜻이다. fizzle out은 '수포로 돌아가다'에 가장 가까운 뉘앙스를 낼 수 있다.

적재적소

the right person in the right place

John's doing great in his new position. He's the right person in the right place.
존은 새 부서에서 잘하고 있어요. 정말 적재적소예요.

직역하면 '맞는 장소에 맞는 사람'이라는 표현이다.

두각을 나타내다

distinguish oneself

Mary distinguished herself as a great editor.
메리는 편집자로서 두각을 드러내고 있다.

distinguish는 '차이를 보이다'는 뜻이다. distinguish oneself로 '다른 사람과 차이를 보이다', 즉, '두각을 나타내다'는 뜻이 된다.

일중독

a workaholic

Since joining this company, I've become a workaholic.
이 회사에 들어오고부터 일중독이 됐어.

workaholic은 말 그대로 '일중독'이라는 뜻이다.

(시간이 없어) 급박하다

run out of time

We're running out of time. We'll have to work on the weekend.
시간이 급박해서 주말에도 일을 해야 해요.

run out of time(시간이 바닥나다)을 사용하면 급박한 뉘앙스를 잘 살릴 수 있다.

눈감으면 코 베어가는

cut-throat

The computer business is really cut-throat.
컴퓨터 업계는 그야말로 눈감으면 코 베어가는 곳이야.

cut-throat는 '약육강식의', '먹느냐 먹히느냐의'와 같은 뜻이다.

대목(장사가 잘 되는 때)

best time

We sell skis, so the best time of the year is in the fall.
우리는 스키를 팔고 있어서 가을이 대목이에요.

영어로는 '가장 좋은 때'라고 표현한다.

백지화하다

go back to the drawing board

That didn't work at all. Let's go back to the drawing board.
전혀 성과가 없었군요. 백지화하도록 합시다.

drawing board는 '그림판'을 말한다. 직역하면 '원래의 그림판으로 돌아가자'가 된다.

운이 따르다

one's luck has turned

We just got a big order. Our luck has turned.
대형 주문이 들어왔어. 운이 따라주는군.

영어로는 '운이 방향을 바꾸어 이쪽을 향하다'라는 표현이다.

뜻밖의 행운

fall into one's lap

Our new hit product was based on a complaint. It fell into our lap.
소비자 불만 때문에 이런 히트상품이 태어난 것은 뜻밖에 행운이네요.

'예상치 못한 행운에 따른'과 같이 형용사로 사용할 때는 windfall을 사용하면 된다. 예를 들면, windfall revenue는 '예상치 못한 행운으로 얻은 수입'이다.

시간문제

a matter of time

It's only a matter of time before we run out of money.
돈이 바닥나는 것도 시간문제다.

'그건 시간문제야'라고 한 마디로 말하고 싶다면, It's a matter of time.
이라고 한다.

내리막길이다

go downhill

Our sales have been going downhill since the start of the year.
올해 들어서부터 매출은 내리막길이야.

그대로 직역하면 된다. 이처럼 의외로 한국어와 영어에서 같은 발상의 표
현을 많이 볼 수 있다.

약속잡기

make appointment

I spent all day yesterday making appointments
어제는 하루 종일 약속을 잡았어요.

이것도 직역하면 된다.

중재하다

mediate

We need to have someone mediate for us.
누군가 중재해 줄 사람이 있어야겠어요.

mediate는 '중개하다', '중재하다'는 뜻이다. '중재 수수료'는 mediation fee.

근근이 먹고 살 정도의 사업

hand-to-mouth business

I may look rich, but it's a hand-to-mouth business.
부유해 보일지 몰라도 근근이 먹고 살아갈 정도의 장사야.

hand-to-mouth는 '하루살이의', '그날 벌어 그날을 살아가는'이라는 뜻이다.

정시 출퇴근

banker's hours

I always work banker's hours, so I never do overtime.
나는 항상 정시 출퇴근이라서 잔업은 안 해.

예전에 많은 은행들이 9시에 열고 5시에 닫았기 때문에 이 표현이 생겨났다.

(주식시장에) 상장되다

be listed

Our company is going to be listed sometime next year.
우리 회사는 내년에 상장된다.

go public이라고 표현해도 된다.

재고조사

take inventory

We need everyone to come in on Saturday to take inventory.
이번 주 토요일은 재고조사가 있으니까 출근해 주세요.

inventory는 '상품목록', '상품일람표'라는 뜻이다.

속셈을 밝히다

show one's hand

Let's not show our hand until we have to.
가능한 우리의 속셈을 밝히지 말도록 하자.

여기서 hand는 '(트럼프 등의) 패'를 말한다.

영향력이 있다

have contacts

We hired Bill because he has contacts in the game industry.
빌을 고용한 것은 그가 게임 업계에서 영향력이 있기 때문이야.

contact에는 '연줄', '연고'라는 의미가 담겨 있다.

기대주

up-and-coming

Michael is one of our best up-and-coming sales representatives.
마이클은 우리 영업부 최고의 기대주입니다.

up-and-coming은 '유망한', '성장의 여지가 큰'이라는 뜻이다. '기대주'
를 영어로 말하면 이 말이 딱 맞다.

정공법으로 나가다

use standard tactics

We'd better use standard tactics when dealing with him.
그 사람과 거래할 때는 정공법으로 나가는 것이 좋아.

영어로 '표준 전략을 이용하다'가 '정공법으로 나가다'를 잘 표현해 준다.

떡 줄 사람은 생각지도 않는데 김칫국부터 마신다

Count one's chickens before they're hatched.

Don't count your chickens before they're hatched.
떡 줄 사람은 생각지도 않는데 김칫국부터 마시지 마라.

영어로는 '알에서 부화되기도 전에 닭을 세지 마라'는 표현이다.

확고부동한

unchallenged

We are the unchallenged leader in this industry.
우리는 이 업계에서 확고부동한 선두기업이다.

unchallenged는 '경쟁자가 없는', '(지위 등이) 흔들림이 없는'이라는 뜻
이다. 이 단어를 쓰면 '확고부동한'이라는 의미를 나타낼 수 있다.

경비 처리하다

reimburse

We can't reimburse you for this drinking money.
이 술값은 경비 처리가 안 돼요.

reimburse는 '경비 등으로 변제하다'는 뜻이다.

개척자

pioneer

Our president was a pioneer in the advertising industry.
우리 사장님은 광고업계의 개척자와 같은 존재다.

pioneer는 '개척자', '선구자'라는 뜻.

회사를 그만두고 자기 사업을 시작하다

start one's own business

John quit his job at a big company and started his own business.
존은 대기업을 그만두고 자기 사업을 시작했다.

말 그대로 설명하면 된다.

너무 좋은 얘기라서 믿기지 않는

too good to be true

It sounds like a good deal, but it's probably too good to be true.
좋은 것 같기는 한데 너무 좋은 얘기라 믿음이 안 가.

영어로는 '실현되기에는 너무 좋다'고 표현한다.

(일을 처리하느라) 갇혀 지내다

be locked up

I'm locked up in a hotel until I finish this manuscript.
원고를 쓰느라 호텔에 갇혀 지냈다.

lock up(구류하다)이라는 표현을 쓰면 된다.

만회하다

wipe out

His presentation wiped out all the mistakes he ever made.
그는 프레젠테이션으로 지금까지의 실수를 모두 만회했어.

'(불명예를) 만회하다'는 뜻이다. '지워 없애다'로 직역된다.

~를 제쳐두고

go over someone's head

Don't go over my head and talk to the president. Talk to me first.
나를 제쳐두고 사장에게 말하지 말게. 나한테 먼저 얘기해.

영어로는 '누군가의 머리를 넘어서'라고 표현한다.

천직

natural calling

George is a wonderful accountant. It's his natural calling.
조지는 훌륭한 회계사야. 그야말로 천직이지.

one's natural calling으로 '천직'이라는 뜻이 된다.

곤경에 처하다

stuck between a rock and a hard place

I'm stuck between a rock and a hard place.
난 지금 곤경에 처했어.

stuck만으로도 거의 비슷한 뜻이 된다. I've tried to get support for our plan, but we're stuck.(이 계획의 지원을 받으려고 했지만 우리는 곤경에 처했어.)

상장기업

listed company

In the past, we only did business with listed companies.
지금까지 우리는 상장기업들만 거래해 왔어.

여기서 list는 '상장하다'는 뜻이다.

메모하다

write down

Please write down everything that happens in the meeting.
회의 내용은 모두 메모해 주세요.

그대로 '받아쓰다'라고 표현하면 된다.

불량품

defective product

I'll give you a 60-percent discount on these defective products.
불량품들은 60퍼센트 싸게 판매합니다.

defective는 '결함이 있는'이라는 뜻이다. '결함이 있는 상품'이므로 '불량품'이라는 뜻이 된다.

공과 사를 구분하지 못하다

mix business with pleasure

I don't want to go golfing. I never mix business with pleasure.
골프는 거절하겠어요. 저는 공과 사를 구분하고 싶거든요.

직역하면 '일과 즐거움을 혼동하다'는 뜻으로, '공사를 구분하지 못하다'라고 할 수 있다.

입소문

word-of-mouth

We don't have money for ads, so we'll have to use word-of-mouth.
광고에 쓸 돈이 없으니까 입소문을 이용할 수밖에 없어요.

'입소문으로 퍼지다'는 spread by word-of-mouth이다.

비공개로

keep ~ off the record

I'd like to keep this off the record.
이것은 비공개로 해 주세요.

직역하면 '비공개로', '공표하지 않는'이라는 뜻이다.

비장의 카드

trump card

I don't want to use our trump card until the last day of negotiations.
교섭 마지막 날까지 비장의 카드는 갖고 있자.

trump는 카드를 말하며, 원래 '최후 수단'을 뜻한다.

위로부터의 입김

a word from the top

The entire plan was canceled by a word from the top.
위로부터의 입김으로 모든 계획이 백지화되었다.

직역하면 '윗사람으로부터의 한마디'이다.

맥주부터 한 잔 하자

Let's start off with beer.

Let's start off with beer.
맥주부터 한 잔하자.

Let's start with a round of beers.라고 해도 같은 뜻이다.

손을 쓰다

take action

If we take action today, we can still deal with this problem.
오늘 내로 손을 쓴다면 아직 늦지 않았어.

'행동을 취하다'라고 표현하면, '손을 쓰다'는 뉘앙스를 충분히 나타낼 수 있다.

착불로

COD

Please send it COD.
착불로 보내주세요.

cash on delivery의 약자이다. '씨오디'라고 알파벳을 그대로 읽으면
된다.

오토바이 퀵으로

send by motorbike-express

If you send it by motorbike-express, it'll arrive soon.
오토바이 퀵으로 보내면 금방 도착할 거예요.

오토바이로 보내는 퀵 서비스를 말한다.

출산휴가

maternity leave

My maternity leave starts tomorrow.
저는 내일부터 출산휴가에 들어가요.

maternity는 '산모를 위한'이라는 뜻이다. 여기서 leave는 명사로 '휴가
기간'을 말한다.

좌천되다

be/get sent off to Siberia

Brown got sent off to Siberia.
브라운이 지방으로 좌천되었대.

영어로는 '시베리아로 보내지다'라고 표현한다.

강매

pushy sales

I don't like pushy salespeople.
강매 상인은 질색이야.

pushy는 '뻔뻔한', '강압적인'이라는 뜻이다.

없었던 일로

forget everything

Let's just forget everything.
이 건은 없었던 일로 합시다.

직역하면 '모든 것을 잊자'이다. '이 건은 없었던 일로'를 영어로 하면 이
표현이 가장 알맞다.

벼랑 끝

on the edge of a cliff

The bank said no more loans. We're on the edge of a cliff.
은행이 더 이상의 융자를 해 주지 않겠대. 우리는 벼랑 끝으로 몰렸어.

직역하면 '벼랑 끝에 서서'이다. 직역하면 된다. '도산하기 직전'이라면
on the edge of bankruptcy라고 한다.

신규졸업자

new graduates

We only hire new graduates.
우리 회사는 신규졸업자만 채용합니다.

graduate은 '졸업생'이라는 뜻이다. 신규졸업자는 영어로 '새로운 졸업
생'이라고 표현하면 된다.

(회계에서) 결산 마감일

cutoff date

The 20th is the cutoff date, so please send in your invoice by then.
20일이 결산마감일이니까 그때까지 청구서를 보내주세요.

cutoff는 '결산일'이라는 뜻이다. cutoff date는 '결산 마감일'이라는 뜻.

인사고과, 평가

appraisal

Your bonus is decided based on your manager's appraisal.
당신의 보너스는 부장의 평가로 결정됩니다.

appraisal은 '평가', '인사고과'라는 뜻이다.

이면지

back side of the copy paper

Make sure you use the back side of the copy paper.
복사지는 이면지까지 사용하도록 하시오.

또는 Make sure you use both sides of the copy paper.(복사지는 양면 모두를 사용하도록 하시오.)라고도 말할 수 있다.

경비절감

cut costs

Times are tough, so let's do all we can to cut costs.
불경기니까 경비절감을 철저히 합시다.

reduce expenses라고 표현해도 된다.

갑작스러운 약속 취소

cancel ~ at the last minute

ABC canceled the meeting today at the last minute.
ABC기업이 오늘의 미팅 약속을 갑자기 취소했다.

at the last minute이라고 하면 '약속 시간이 다 되어서', '막판에'라는 뜻
이다.

아부하다

brownnose

Smith is always brownnosing his manager.
스미스는 항상 부장에게 아부를 한다.

'아첨하는 사람'은 brownnoser라고 한다. Smith is a big brownnoser.
(스미스는 엄청난 아첨꾼이야.)

그만두도록 압력을 가하다

force ~ to quit

They're trying to force people to quit. It's hard to go to work.
회사를 그만두라는 압력이 심해졌어. 회사 가기가 힘들어.

그대로 직역하면 된다.

실제 수입

take-home pay

My take-home pay is about 2,500,000won.
나의 실제 수입은 250만 원 정도다.

　'실제로 집으로 가져가는 금액'이라는 뜻으로 이렇게 사용하는 것이 일반적이다.

원천징수서

a tax withholding statement

You need to submit a copy of your tax withholding statement.
원천징수서를 제출해 주세요.

　tax withholding은 '원천징수'를 뜻한다. 직장에 네이티브가 있다면 기억해 두어 나쁠 건 없다. 연말에 의외로 종종 화제에 오르는 단어이다.

현찰

cash

I can't take a check. I'll need cash.
수표는 못 받아. 현찰로 줘.

　cold cash, hard cash도 같은 뜻이다.

자회사

subsidiary

Our subsidiary does all the printing for us.
인쇄는 모두 자회사에서 합니다.

참고로 '관련회사'는 related company, group company, associated company 등으로 말한다.

바람잡이

fake (someone)

We need to have some fake shareholders at the meeting.
총회에는 바람잡이를 앉혀둡시다.

fake는 '가짜의', '거짓의'라는 뜻이다. '바람잡이'도 이 말로 충분하다. a fake fan(바람잡이 팬), a fake test taker(바람잡이 수험자) 등과 같이 사용된다.

농땡이치다

sit around / stand around

Stop sitting around and start calling up customers!
농땡이치지 말고 고객들에게 전화해!

sit around는 사무실에서, stand around는 공사현장 등에서 사용된다.

자금조달

cash flow

We're having a cash flow problem. Can you wait a week?
자금조달이 어렵습니다. 일주일만 기다려 주시겠습니까?

직역하면 '돈의 흐름'이다.

주5일 근무제

a five-day (work) week

We don't have a five-day work week. You might have to work on weekends.
우리는 주5일 근무제가 아니라서 주말에도 출근해야 합니다.

have two days off a week라고 해도 통한다.

외근

make the rounds

I need to reserve a company car. I have to make the rounds today.
회사 차 내가 예약해야겠어. 오늘 외근이 있거든.

이렇게 말하면 '거래처를 방문하며 돌다 = 외근'이라는 뜻이 된다.

전근으로 가족과 떨어져 혼자 살다

live away from one's family

He's been living away from his family for two years.
그는 2년 동안 전근으로 가족과 떨어져 혼자 살았다.

말 그대로 '가족과 떨어져서 살다'라고 표현한다.

단연 선두에 있다

be way out in the lead

When it comes to market share, we're way out in the lead.
시장점유율에 있어 우리는 단연 선두에 있다.

직역하면 '뛰어나게 리드를 하고 있다'이다. 이 표현으로 충분히 뉘앙스를 살릴 수 있다.

비기다

call it even

Let's call it even
비긴 걸로 하자.

여기서 even은 '무승부'라는 뜻.

외상으로 하다

put it on one's tab

Could you put it on my tab? I'll pay you on payday.
외상으로 해 주시겠어요? 월급날에 갚을 게요.

이기서 'tab'은 '외상', '장부'라는 뜻이다. put it on one's tab으로 '~에 달아놓다', '외상으로 하다'는 뜻이 된다.

본전이다

break even

We'll be lucky if we break even.
본전이라도 건지면 좋겠는데.

break even은 '득실이 없다', '본전이다'는 뜻이다. '득실이 없는 본전'을 영어로 표현하면 이 말이 가장 적합하다.

할당량, 노르마

quota

I can punch out when I finish my quota.
할당량을 달성할 때까지 못 돌아가.

노르마의 어원은 러시아어이다. 영어에서는 norma가 통하지 않으며, 사람이름으로 생각될 수 있으므로 주의한다.

각지각색

every imaginable kind

When it comes to computers, there's every imaginable kind.
컴퓨터라고 해도 각지각색의 모델들이 있으니까.

every imaginable~은 '상상이 가능한 온갖 종류의~'라는 뜻이다.

필(feel)이 오지 않다

not sound quite right

I don't like our new company name. It doesn't sound quite right.
회사의 새 이름이 별로 맘에 들지 않아. 왠지 필이 오지 않아.

또는 It's not quite right도 같은 뜻으로 사용할 수 있다.

지원하다

give ~ support

Could you give Tom some support? He's still new here.
톰을 도와주게. 들어온 지 얼마 안 됐으니 말이야.

support라는 단어를 사용하면 적절하다.

밀어주다(응원하다)

give something a push

Could you give my proposal a push at the meeting?
회의에서 내 제안을 밀어줘.

그대로 직역하면 된다.

리허설 없이 바로 가다

go in cold

We'll have to go in cold.
리허설 없이 바로 갈 수밖에 없어.

직역하면 '차가운 채로'라는 뜻이다. 그러니까 '워밍업 없이'라는 뜻에서 이렇게 사용되고 있다.

굽실거리다

kowtow

You don't have to kowtow to him. He's not your boss.
그에게 굽실거릴 필요 없어. 네 상사도 아니잖아.

kowtow는 '~에게 굽실거리다', '비굴하게 아부하다'는 뜻이다. 어원은 중국어로서, 【káutáu】라고 발음한다.

바가지쓰다

be taken for a ride

I have a feeling we're being taken for a ride.
우리가 바가지쓴 것 같아.

택시가 일부러 돌아서 먼 길로 왔을 때 I got taken for a ride.(먼 길로 돌아와서 바가지썼어.)라고 말한다. 이 표현이 택시 이외의 상황에도 정착된 것이다.

타이밍이 나쁘다

terrible timing

He has terrible timing.
그는 타이밍이 안 좋아.

직역으로 뉘앙스가 잘 전달된다.

미끼 상품

a loss leader

Let's cut the price in half on the candles, We need a loss leader.
초를 반값으로 내리자. 손님을 끌어들이려면 미끼 상품이 있어야 해.

이익이 되지는 않지만 손님을 가게로 끌어들이기 위한 상품을 말한다.

더치페이(각자 부담)

split the bill

It's kind of expensive, so let's split the bill
좀 비싸니까 각자 부담하자.

영어로는 '청구서를 나눈다'고 표현한다.

반공일(半空日)

work a half day

I only have to work a half day on Saturday, so I'll finish by 12:00.
토요일은 반공일이니까 12시면 일이 끝나요.

'반만 일한다'는 표현이다.

최종 마감 시한

a firm deadline

The 6:00 deadline is firm.
오늘 6시가 최종 마감 시한이에요.

기한이 엄격하게 설정되어 있어서 변경할 수 없는 것을 말한다. firm은 '확정되다', '흔들리지 않는'이라는 뜻이다.

역자 양영철은

도키와대학 커뮤니케이션학과를 졸업하고 드폴대학 대학원을 수료했으며, 현재는 전문번역가로 활동하고 있다. 역서에는 〈그 영어, 네이티브에게는 이렇게 들린다-1~3편〉 〈웃음은 빙산도 녹인다〉 〈화젯거리를 만들어라〉 〈회의 반으로 줄이고 두 배로 잘하는 법〉 〈시나리오 씽킹〉 등이 있다.

그 영어, 네이티브에게는 이렇게 들린다 · 4

1판 1쇄 발행 / 2007년 8월 25일
1판 3쇄 발행 / 2010년 6월 25일

지은이 _ David A. Thayne, Koike Nobutaka
옮긴이 _ 양영철
발행인 _ 문정신
발행처 _ 북스넛
등록 _ 제1-3095호
주소 _ 서울시 마포구 성산동 112-7 예건빌딩 3층
전화 _ 02-325-2505
팩스 _ 02-325-2506
이메일 _ jmoo100@hanmail.net
ISBN 978-89-91186-38-5 03740

How Your English Sounds to Native Speakers · 4
Originally Published in Japan by Shufunotomo Co., Ltd. Tokyo
Copyright ⓒ 2005 A TO Z., Ltd.
Korean Translation Copyright ⓒ 2007 by BooksNUT